열 여섯 시간에 완성하는 중학 영어 단기 특강

열중16강

문법
LEVEL 1

열중 16강
문법 LEVEL 1

지은이	NE능률 영어교육연구소
선임 연구원	김지현
연구원	이지연 허인혜 이희진
영문 교열	Nathaniel Galletta August Niederhaus
디자인	박정진 김연주
내지 일러스트	김예은 김혜연
내지 사진	www.shutterstock.com
맥편집	김선희

Let's grow together

NE능률이
미래를
창조합니다.

건강한 배움의 고객가치를 제공하겠다는 꿈을 실현하기 위해
40년이 넘는 시간 동안 열심히 달려왔습니다.

앞으로도 끊임없는 연구와 노력을 통해
당연한 것을 멈추지 않고

고객, 기업, 직원 모두가 함께 성장하는 NE능률이 되겠습니다.

The starting point of all achievement is desire!

모든 성취의 출발점은 꿈을 꾸는 것으로부터 시작된다!

Napoleon Hill

구성과 특징

Grammar

꼭 필요한 문법 설명을 한눈에 들어오게 정리하였습니다.

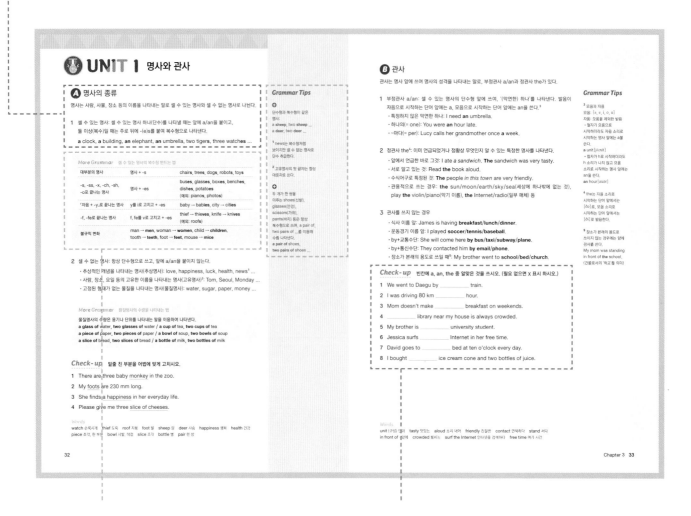

More Grammar, Grammar Tips

해당 문법 사항을 이해하는 데 꼭 필요하거나, 추가로 알아두면 좋은 정보를 담았습니다.

Check-up

간단한 문법 문제로 핵심 내용에 대한 이해도를 빠르게 확인할 수 있습니다.

내신 적중 테스트

학습한 내용을 학교 시험과 유사한
문제들로 점검하여 내신을 효과적으로
준비할 수 있습니다.

서술형 내공 UP

다양한 서술형 문제들을 통해 학교
시험에서 점점 더 중시되고 있는 서술형
문제를 확실하게 대비할 수 있습니다.

문법 정리 OX

꼭 기억해두어야 할 문법 사항을
간단한 OX 문제를 풀면서
다시 한 번 정리할 수 있습니다.

Special Thanks to
열중 16강 문법 개발에 도움을 주신 선생님들

강군필 마포푸른솔학원   강선 인천연성중학교   강은희 국제어학당   권이정 M&S사관학원   김광민 비전 SnD 학원   김명희 스쿨카슨어학원

김민혜 상도중학교   김봉수 SM English 어학원   김수연 원당중학교   김용진 바른어학원   김지수 정상어학원   김혜영 에듀원영어학원

명가은 명가은어학원   박혜영 인천동방중학교   송선미 신방학중학교   신규숙 EM&트로이카학원   양세일 양세일영어학원   양용식 숭의여자중학교

오인아 보스톤어학원   윤석진 윤석진어학원   이정욱 이은재어학원   이채민 정현영어학원   전성훈 훈선생영어학원   정창용 엑소더스어학원

주세정 천호중학교   최호준 현대캠프입시학원   편영우 SCL영어학원   한나경 원힐영수전문학원   한승표 English Expert 영어전문학원

이 책의 목차

Study Plan

문장의 기본 구성

1 단어의 종류_품사

단어는 의미를 갖는 가장 작은 말의 단위로, 영어 단어에는 명사, 대명사, 동사, 형용사, 부사, 전치사, 접속사, 감탄사 등이 있다. 이들 단어의 종류를 '품사'라고 한다.

명사   사람, 동물, 사물 등 모든 것의 이름을 나타내는 말이다.

Susan, man, lion, Korea, shoes, milk …

This is my sister **Amy**.   이 애는 내 여동생 Amy이다.
I like **cheesecake**.   나는 치즈케이크를 좋아한다.

대명사   명사 대신 쓰는 말로 주로 명사의 반복을 피하기 위해 쓴다.

I, you, his, her, it, this, these, that, those …

John is my friend. **He** is very tall.   John은 나의 친구이다. 그는 매우 키가 크다.
My uncle made *pizza*. **It** was tasty.   나의 삼촌은 피자를 만들었다. 그것은 맛있었다.

동사   사람, 동물, 사물 등의 동작이나 상태를 나타내는 말이다.

go, run, eat, sleep, make, be …

He **walks** to school.   그는 학교에 걸어간다.
She **is** honest.   그녀는 정직하다.

형용사   사람, 동물, 사물 등의 형태, 성질, 상태 등을 나타내는 말이다.
문장에서 명사나 대명사를 꾸며주거나 보충 설명한다.

smart, wise, lucky, cute, bright, easy …

It was a **lucky** *day*.   운이 좋은 날이었다.
His eyes are **small**.   그의 눈은 작다.

부사	장소, 방법, 시간, 정도, 빈도 등을 나타내는 말이다.

부사 장소, 방법, 시간, 정도, 빈도 등을 나타내는 말이다.

문장에서 형용사, 다른 부사, 동사, 문장 전체를 꾸며준다.

very, here, usually, fast, clearly …

Math is **very** *difficult*. 수학은 아주 어렵다.
My mother drives **very** *carefully*. 나의 엄마는 매우 조심스럽게 운전하신다.
She *smiles* **beautifully**. 그녀는 아름답게 미소 짓는다.
Sadly, *Ellie lost her cat*. 슬프게도 Ellie는 그녀의 고양이를 잃어버렸다.

전치사 명사(구)나 대명사 앞에 쓰여 장소, 목적, 방법, 시간 등을 나타내는 말이다.

at, in, on, under, for, by, with, before …

The plane arrived late **at** the airport. 그 비행기는 공항에 늦게 도착했다.
I bought a birthday present **for** Mike. 나는 Mike에게 생일 선물을 사주었다.
The teacher will come **in** 10 minutes. 그 선생님은 10분 후에 올 것이다.

접속사 단어, 구, 절 등을 서로 이어주는 말로 문장에 의미를 더해준다.

and, but, or, so, because, when …

What do you want to drink, *coffee* **or** *tea*?
당신은 커피나 차 중에서 어떤 것을 마시길 원합니까?
My plan is *to go to China* **and** *visit the Great Wall*.
나의 계획은 중국에 가서 만리장성을 방문하는 것이다.
I took a taxi **because** *I was very tired*.
나는 너무 피곤했기 때문에 택시를 탔다.

감탄사 기쁨, 슬픔, 놀람 등의 감정을 나타내는 말이다.

Oh, Wow, Ouch, Oops …

Oh, that's amazing! 오, 그것은 놀랍다!
Wow, it's beautiful! 와, 그것은 아름답구나!

2 구, 절, 문장

구와 절은 여러 단어가 모여서 하나의 품사 역할을 하는 것으로 「주어+동사」가 있는지 없는지에 따라
구와 절로 구분한다. 구와 절은 모두 문장의 일부분이다.

구 두 개 이상의 단어가 모인 것으로, 문장 내에서 명사, 형용사, 부사의 역할을 한다.

구에는 「주어+동사」가 없다.

– 명사구: 명사처럼 주어, 목적어, 보어로 쓰인다.

Lily likes **her new skirt**. Lily는 그녀의 새 치마를 좋아한다.
　　　　　　목적어 역할

– 형용사구: 형용사처럼 명사를 꾸며주거나 서술해준다.

She borrowed a book **to read**. 그녀는 읽을 책을 빌렸다.

These shoes are **out of stock**. 이 신발은 품절이다.

– 부사구: 부사처럼 형용사, 다른 부사, 동사, 문장 전체를 꾸며주는 수식어로 쓰인다.

We had a great time **at the party**. 우리는 그 파티에서 좋은 시간을 보냈다.

절 「주어+동사」가 갖추어져 있으나 독립적으로 쓰이지 않고, 문장 내에서 명사, 형용사, 부사의 역할을 한다.

– 명사절: 명사처럼 주어, 목적어, 보어로 쓰인다.

I think **that our new classmate is nice**. 나는 우리의 새 반 친구가 좋다고 생각한다.
　　　　　　　　　주어　　　　　　동사

– 형용사절: 형용사처럼 명사를 꾸며주거나 서술해 준다.

She downloaded a song **that I recommended**. 그녀는 내가 추천한 노래를 내려 받았다.
　　　　　　　　　　　주어　　동사

– 부사절: 부사처럼 형용사, 다른 부사, 동사, 문장 전체를 꾸며준다.

David couldn't go to school **because he was sick**. David는 아파서 학교에 갈 수가 없었다.

문장 「주어+동사」가 갖추어져 있으며, 대문자로 시작하고, 마침표나 물음표 등의 문장부호로 끝난다.

절 하나로 이루어질 수도 있고 두 개 이상의 절이 모여 문장이 될 수도 있다.

He usually exercises in the morning. 그는 대개 아침에 운동한다.
주어　　　　　동사

The man tried to move the box, but it was too heavy. 그 남자는 그 상자를 옮기려고 했으나, 그것은 너무 무거웠다.
　주어　　동사　　　　　　　　　　　주어 동사

Chapter

1

be동사와 일반동사

UNIT 1 인칭대명사와 be동사

A 인칭대명사와 격[1]

인칭대명사는 사람이나 사물을 대신하여 나타내는 말이다.

수	인칭	주격(~는, ~가)	소유격(~의)	목적격(~을)	소유대명사(~의 것)
단수	1인칭(나)	I	my	me	mine
	2인칭(너)	you[2]	your	you	yours
	3인칭 (그, 그녀, 그것 ...)	he	his	him	his
		she	her	her	hers
		it	its	it	-
복수	1인칭(우리들)	we	our	us	ours
	2인칭(너희들)	you	your	you	yours
	3인칭(그들, 그것들 ...)	they	their	them	theirs

She is a movie star. 주격   **Her** voice is pretty. 소유격

They are my puppies. I love **them**. 목적격

This computer is **ours**. (ours = our computer) 소유대명사

Check-up ( ) 안의 단어를 이용하여 빈칸에 알맞은 말을 쓰고, 문장을 해석하시오.

1 I like _____ new hair style. (you)

2 This bicycle is _____. Yours is over there. (I)

3 Tom is my best friend. I know _____ very well. (he)

B 인칭대명사와 be동사

be동사는 주어 뒤에서 '~이다', '(~에) 있다'의 의미로 쓰인다.

		주어	be동사	줄임말
단수	1인칭	I	am	I'm
	2인칭	You	are	You're
	3인칭	He/She/It	is	He's/She's/It's
복수	1인칭	We	are	We're
	2인칭	You	are	You're
	3인칭	They	are	They're

It is[It's] my old diary.   **They are[They're]** at the department store.

Check-up 밑줄 친 부분을 어법에 맞게 고치시오.

1 They <u>is</u> from Canada.

2 Evan <u>are</u> sleepy now.

3 <u>You's</u> a great singer. You sing beautifully.

Words

bicycle 자전거   over there 저쪽에   know 알다   diary 일기, 일기장   sleepy 졸린   beautifully 아름답게

Grammar Tips

[1] 인칭대명사의 격 구분
• 주격: 주어 역할
• 소유격: 명사 앞에 쓰여 소유 관계를 나타냄
• 목적격: 목적어 역할
• 소유대명사: 「소유격+명사」를 나타냄

[2] you는 '너'(단수)와 '너희들'(복수)의 의미 둘 다로 쓸 수 있다.

명사의 소유격과 소유대명사: 명사 뒤에 's를 붙인다. 명사가 -s로 끝날 때는 '(아포스트로피)만 붙인다.
- I know **Jacob's** phone number.
- The bags are **my friends'**.

C be동사의 부정문과 의문문

1 be동사의 부정문: am/are/is+not (~가 아니다, (~에) 없다)

주어	be동사+not	줄임말	
I	am not	I'm not	-
You	are not	You're not	You aren't
He/She/It	is not	He's/She's/It's not	He/She/It isn't
We/You/They	are not	We're/You're/They're not	We/You/They aren't

I **am not**³ a soccer fan. / I'm **not** a soccer fan.

She **is not[isn't]** in the library.

Grammar Tips

³ am not은 줄여 쓸 수 없다.
→ I **amn't** a soccer fan.
(x)

2 be동사의 의문문: Am/Are/Is+주어 ~? (~입니까?, (~에) 있습니까?)

be동사+주어 ~?	긍정의 대답	부정의 대답
Am I ~?	Yes, you are.	No, you aren't.
Are you ~?	Yes, I am.	No, I'm not.
Is he/she/it ~?	Yes, he/she/it is.	No, he/she/it isn't.
Are we/you/they ~?	Yes, you/we/they are.	No, you/we/they aren't.

Are you a musician? — **Yes**, **I am**. / **No**, **I'm not**.

Is it your room? — **Yes**, **it is**. / **No**, **it isn't**.

Check-up   다음 문장을 (   ) 안의 지시대로 바꿔 쓰시오.

보기	Mike is in Paris now.

1 (부정문으로) → _____

2 (주어를 you로 바꾸고 의문문으로) → _____

3 (위 의문문에 대한 부정의 대답으로) → _____

D There is/are

There is/are는 '~가 있다'라는 의미로, 이때 there를 '거기에'라고 해석하지 않는다.

There+be동사	주어
There is	단수명사, 셀 수 없는 명사
There are	복수명사

There is *a baby* on the bed.   **There is** *juice* in the bottle.

There are *many people* at the beach.

➕
There is/are의 부정문과
의문문
• 부정문: There is/are not
There are not any tall
buildings on this street.
• 의문문: Is/Are there ~?
Are there vegetables in
the soup? — **Yes, there
are.** / **No, there aren't.**

Check-up   빈칸에 There is 또는 There are 중 알맞은 것을 쓰고, 문장을 해석하시오.

1 _____ an apple tree in my garden.

2 _____ three kittens on the floor.

3 _____ hot tea in the cup.

Words

library 도서관   musician 음악가   bottle 병   vegetable 채소   garden 정원   kitten 새끼 고양이   floor 바닥

UNIT 2 일반동사

일반동사는 be동사와 조동사[1]를 제외한 모든 동사로, 주어의 동작이나 상태를 나타낸다.

A 일반동사의 긍정문

Grammar Tips

[1] 조동사: 동사와 함께 쓰여 특정 의미를 더해주는 동사로 can, may, will 등이 있다.

1 주어가 1인칭, 2인칭 또는 복수일 때: 동사원형을 쓴다.

I **clean** my room every day.
You **make** delicious cookies.
Steve and James **go** to the same school.

2 주어가 3인칭 단수일 때: 보통 일반동사 뒤에 -(e)s를 붙인다.

He **drinks** milk every morning.
My mom **washes** the dishes after dinner.
The balloon **flies** very slowly.
Julia **has** beautiful eyes.

More Grammar 일반동사의 3인칭 단수형 만드는 법

대부분의 동사	동사원형 + -s	play**s**, like**s**, eat**s**, make**s**, know**s**, read**s**, work**s**
-o, -s, -ch, -sh, -x로 끝나는 동사	동사원형 + -es	goes, does, pass**es**, watch**es**, brush**es**, fix**es**
「자음+-y」로 끝나는 동사	y를 i로 고치고 + -es	fly → fl**ies**, study → stud**ies**, cry → cr**ies**
불규칙 변화	have → **has**	

Check-up 밑줄 친 부분을 어법에 맞게 고치시오.

1 You <u>looks</u> happy today.

2 My dad <u>washs</u> his car every weekend.

3 Amy <u>live</u> in an apartment.

4 My little sister <u>crys</u> a lot.

5 Andy and Kate <u>orders</u> pizza every Friday.

6 Mr. Smith <u>teachs</u> science in a middle school.

7 He <u>have</u> a part-time job in a fast-food restaurant.

Words

clean 청소하다   same 같은   wash the dishes 설거지하다   balloon 풍선   slowly 느리게   cry 울다
order 주문하다   science 과학   part-time job 아르바이트

B 일반동사의 부정문

일반동사의 부정문: do/does not+동사원형

주어	부정문
I/You/We/They(1·2인칭, 복수)	do not+동사원형 (= don't [2] +동사원형)
He/She/It(3인칭 단수)	does not+동사원형 (= doesn't+동사원형)

I **do not[don't]** have a nickname.
They **do not[don't]** eat breakfast.
My parents usually **do not[don't]** take the subway.

He **does not[doesn't]** dance well.
That woman **does not[doesn't]** walk very fast.

Check-up ( ) 안의 단어와 don't 또는 doesn't를 이용하여 빈칸에 알맞은 말을 쓰시오.

1 We _____ energy drinks. They have too much caffeine. (drink)

2 I _____ hard. So I get bad grades in school. (study)

3 Rebecca only exercises on weekdays. She _____ on weekends.
  (exercise)

C 일반동사의 의문문

일반동사의 의문문: Do/Does[3]+주어+동사원형 ~?

주어	의문문	긍정의 대답	부정의 대답
I/You/We/They	Do+주어+동사원형 ~?	Yes, 주어+do.	No, 주어+don't.
He/She/It(3인칭 단수)	Does+주어+동사원형 ~?	Yes, 주어+does.	No, 주어+doesn't.

Do *we* have enough money? — **Yes, we do.** / **No, we don't.**
Does *Sophia* like spicy food? — **Yes, she does.** / **No, she doesn't.**

Check-up 우리말과 일치하도록 ( ) 안의 단어를 이용하여 문장을 완성하시오.

1 그는 야구를 좋아하니? → _____ baseball? (like)

2 Ms. Brown은 역사를 가르치니? → _____ history? (teach)

3 너희들은 학교까지 걸어가니? → _____ to school? (walk)

Grammar Tips

[2] 일상 대화에서는 do not, does not보다 줄임말인 don't, doesn't를 더 많이 쓴다. 단, 부정의 의미를 강조할 때는 줄임말을 쓰지 않기도 한다.

[3] do/does는 일반동사의 부정문·의문문을 만들 때는 조동사로 쓰이고, '~을 하다'라는 뜻을 나타낼 때는 일반동사로 쓰인다.
- My brother **doesn't** often **do** his homework.
- **Do** you **do** any water sports?

Words

nickname 별명   take the subway 지하철을 타다   energy drink 에너지 음료   caffeine 카페인
weekday (주말이 아닌) 평일   water sports 수상 스포츠   enough 충분한   spicy 매운   history 역사

[01-03] 빈칸에 알맞은 것을 고르시오.

01

| _____ your mother in the living room now? |

① Am   ② Is
③ Are   ④ Do
⑤ Does

02

| Sora has a lot of clothes. This red jacket is also _____ . She likes it very much. |

① she   ② her
③ hers   ④ his
⑤ him

03

| A: What is your favorite food?
B: _____ favorite food is roasted chicken. |

① You   ② Your
③ I   ④ My
⑤ Mine

04 우리말과 일치하도록 할 때 빈칸에 알맞은 것은?

| 나의 조부모님은 서울에 사시지 않는다.
→ My grandparents _____ in Seoul. |

① aren't live   ② isn't lives
③ don't live   ④ don't lives
⑤ doesn't live

⭐ 자주 나와요
05 다음 문장을 의문문으로 바르게 바꾼 것은?

| Ally drinks coffee every morning. |

① Is Ally drink coffee every morning?
② Are Ally drinks coffee every morning?
③ Do Ally drink coffee every morning?
④ Does Ally drink coffee every morning?
⑤ Does Ally drinks coffee every morning?

[06-08] 빈칸에 알맞은 말이 바르게 짝지어진 것을 고르시오.

06

| I have two cousins. _____ names are Sujin and Junho. They have a dog. _____ name is Aji. They like him very much. |

① They – She   ② They – He
③ Their – Her   ④ Their – His
⑤ Their – Him

07

| A: _____ Brian in New York now?
B: No, he _____ . He is on vacation in Hawaii. |

① Are – aren't   ② Is – isn't
③ Is – doesn't   ④ Do – don't
⑤ Does – isn't

⭐ 자주 나와요
08

| A: Does Eric _____ many friends?
B: No, he doesn't. But he _____ two close friends. |

① has – has   ② has – have
③ have – have   ④ have – has
⑤ have – doesn't have

09

① A : Is he in the backyard?
   B : Yes, he is.
② A : Are you Mia's sister?
   B : No, she isn't.
③ A : Are they elementary school students?
   B : Yes, they are.
④ A : Is that bag yours?
   B : Yes, it is.
⑤ A : Is Bob at school?
   B : No, he isn't.

⭐ 자주 나와요
10

① A : Do you take a shower every day?
   B : No, I don't.
② A : Do your friends go with you?
   B : Yes, I do.
③ A : Does he play soccer?
   B : No, he doesn't.
④ A : Does the store close late?
   B : Yes, it does.
⑤ A : Do they go to the library by bus?
   B : Yes, they do.

💬 서술형
11 우리말과 일치하도록 문장을 완성하시오.

그들은 내 친구들이 아니다. 나는 그들을 모른다.
→ They _____. I don't
   know _____.

💬 서술형
12 빈칸에 공통으로 알맞은 말을 쓰시오.

• There _____ any hot food in the
  breakfast buffet. All the food is cold.
• Mark _____ an only child. He has
  a sister.

[13-15] 밑줄 친 부분이 어법상 어색한 것을 고르시오.

13

① His sister is in 6th grade.
② Harris are my best friend.
③ Are we late for school?
④ My best friend is in Busan.
⑤ Her cousins are pretty.

⭐ 자주 나와요
14

① There is some milk in the refrigerator.
② There isn't any bread at home.
③ There is bananas in the basket.
④ There are many people in the street.
⑤ There aren't any flowers in the garden.

15

① My brother has a car.
② Mike plays the violin.
③ She drives a car.
④ They fix computers.
⑤ Mr. and Mrs. Anderson gets up early.

💬 서술형
[16-17] 우리말과 일치하도록 문장을 완성하시오.

16

Jim과 나는 같은 반이다.
→ _____ in the same class.

17

이 사전은 너의 것이니?
→ _____ this dictionary _____?

18 밑줄 친 부분이 어법상 올바른 것은?

① He don't learn Chinese.
② They does their homework every day.
③ My dad wash the car on Sundays.
④ Ms. Taylor doesn't teach music.
⑤ We wakes up early in the morning.

19 다음 질문에 대한 대답으로 알맞은 것은?

A: Are there many people at the theater?
B: _____, _____ _____.
　　There is a long line for the movie.

① Yes, there is.　　② No, there isn't.
③ Yes, there are.　　④ No, there aren't.
⑤ Yes, they are.

20 다음 글의 밑줄 친 부분을 바르게 고친 것은?

Sarah is a good student. She study very hard and always help others.

① studys, helps　　② studyes, helps
③ studyes, helpes　　④ studies, helpes
⑤ studies, helps

[21-22] 어법상 올바른 것을 고르시오.

21
① I'm not in a photography club.
② He are not a high school student.
③ They don't soccer players.
④ Mark and Amy isn't friends.
⑤ Her bags is very heavy.

⚠ 어려워요

22
① Do the plane leave in the afternoon?
② Do Amy and Tom go to the same school?
③ Does your friends live near your house?
④ Is Joe play the piano well?
⑤ Are your brothers exercise every day?

23 ( ) 안에 주어진 단어 중 알맞은 것이 바르게 짝지어진 것은?

A: Does your sister (like, likes) beef?
B: No, (she, her) doesn't. But she loves chicken. We (eat, eats) chicken together every weekend.

① like – she – eat　　② like – she – eats
③ like – her – eat　　④ likes – her – eat
⑤ likes – her – eats

💬 서술형 ⚠ 어려워요

24 다음 대화의 밑줄 친 ⓐ~ⓓ 중 어법상 어색한 것 2개를 골라 바르게 고치시오.

A: ⓐ Is he ⓑ go to work on Saturdays?
B: No, he ⓒ doesn't. He ⓓ go to work from Monday to Friday.

_____ → _____

_____ → _____

💬 서술형 ⚠ 어려워요

25 다음 글의 빈칸에 알맞은 be동사 또는 인칭대명사를 쓰시오.

Mina _____ a good cook. She makes delicious food. She often invites _____ friends to dinner. _____ always like her food.

A

우리말과 일치하도록 주어진 단어를 바르게 배열하시오.

1 나의 부모님의 새 자동차는 빨간색이다.
(is, car, my parents', red, new)

→ _____

2 그 학생들이 그들의 선생님을 좋아하나요?
(like, teacher, the students, their, do)

→ _____

3 그는 버스를 타고 학교에 가지 않는다.
(doesn't, by bus, he, go to school)

→ _____

B

우리말과 일치하도록 ( ) 안의 표현을 이용하여 문장을 완성하시오.

1 Josh는 10살이다. (years old)
→ Josh _____.

2 교실에 책상이 30개 있다. (desk)
→ _____ in the classroom.

3 그 여배우는 연기를 잘하니? (act, well)
→ _____ the actress _____?

C

보기에서 알맞은 단어를 골라 빈칸에 쓰시오.

보기	do	is	don't	isn't	my	your

Jinsu: ⓐ _____ your birthday in March?

Sunju: No, it ⓑ _____. ⓒ _____
birthday is in April.

Jinsu: ⓓ _____ you invite many friends
to ⓔ _____ birthday party?

Sunju: No, I ⓕ _____. I only invite a few
close friends.

D

그림을 보고 ( ) 안의 표현을 이용하여 질문에 대한 대답을 쓰시오.

1 Is he a middle school student?

→ _____, _____ _____. (be)

He _____ to Nara Middle School. (go)

2 Are they teachers?

→ _____, _____ _____. (be)

They are doctors. They _____ _____
_____ sick people. (take care of)

⚠ 어려워요

E

다음 글을 ( ) 안에 주어진 사람에 관한 글로 바꿔 쓰시오.

1

I study fashion design in school. I read fashion
magazines every day. (Sarah)

→ Sarah _____

_____

2

I'm hungry. I want cheese pizza. It is my
favorite food. (Chris and Tom)

→ Chris and Tom _____

_____

바르게 쓰인 문장에는 **O**, 어색한 문장에는 **X**를 표시한 후,
어색한 부분을 바르게 고치시오.

접어서 풀어보세요.

인칭대명사와 격

1 I have two dogs. I walk their every night.　( )

_____ → _____

▶ I have two dogs. I walk **them** every night.
3인칭 복수명사의 목적격은 인칭대명사 them으로 대신할 수 있다.

인칭대명사와 be동사

2 My cell phone and camera is very important to me.　( )

_____ → _____

▶ My cell phone and camera **are** very important to me.
주어가 3인칭 복수일 때 be동사는 are를 쓴다.

be동사의 부정문

3 I amn't a diligent person.　( )

_____ → _____

▶ I **am not** a diligent person.
am not은 줄여 쓸 수 없다.

be동사의 의문문

4 Are you in Jeju Island for vacation?　( )

_____ → _____

▶ **Are you** in Jeju Island for vacation?
주어가 2인칭인 be동사의 의문문은 「Are you ~?」이다.

There is/are

5 There are pizza for you on the table.　( )

_____ → _____

▶ **There is pizza** for you on the table.
주어가 셀 수 없는 명사일 경우에는 There is를 쓴다.

일반동사의 긍정문

6 The plane flys over the Atlantic Ocean.　( )

_____ → _____

▶ The plane **flies** over the Atlantic Ocean.
「자음 + -y」로 끝나는 동사는 3인칭 단수형을 만들 때 y를 i로 고치고 -es를 붙인다.

일반동사의 부정문

7 He doesn't plays any sports.　( )

_____ → _____

▶ He **doesn't play** any sports.
주어가 3인칭 단수일 때 일반동사의 부정문은 「doesn't+동사원형」이다.

일반동사의 의문문

8 Do your uncle visit your family often?　( )

_____ → _____

▶ **Does your uncle visit** your family often?
주어가 3인칭 단수일 때 일반동사의 의문문은 「Does+주어+동사원형 ~?」이다.

Chapter

2

시제

UNIT 1 현재시제와 과거시제

A 현재시제

현재시제는 현재의 사실이나 상태, 반복되는 일, 불변의 진리 등을 나타낸다.

My cat **has** blue eyes. 현재의 사실이나 상태

Ann **watches** dramas every weekend. 반복되는 일

Water **boils** at 100°C. 불변의 진리

Check-up ( ) 안의 단어를 이용하여 빈칸에 알맞은 말을 쓰시오.

1 Korea _____ four seasons. (have)

2 Cindy _____ swimming every Saturday. (go)

3 Mr. and Mrs. Jones _____ American. (be)

B 과거시제

과거시제는 과거의 동작이나 상태를 나타낸다.

1 be동사의 과거형: am, is의 과거형은 was, are의 과거형은 were이다.

I **was** at David's house yesterday[1].

The movie **was** wonderful.

They **were** 12 years old last year.

2 일반동사의 과거형: 주어의 인칭과 수에 관계없이 보통 일반동사 뒤에 -(e)d를 붙인다.

I **called** you last night.   The train **stopped** slowly.

They **bought** a DSLR camera two days ago.

James **put** on his school uniform this morning.

More Grammar 일반동사의 과거형 만드는 법

규칙 변화	대부분의 동사	동사원형 + -ed	asked, wanted
	「자음 + -e」로 끝나는 동사	동사원형 + -d	liked, lived
	「자음 + -y」로 끝나는 동사	y를 i로 고치고 + -ed	studied, tried
	「단모음+단자음」으로 끝나는 동사	자음을 한 번 더 쓰고 + -ed	planned, stopped
불규칙 변화	현재형과 과거형이 같은 동사	cut → **cut** put → **put** hit → **hit** read → **read**	
	현재형과 과거형이 다른 동사	do → **did** eat → **ate** go → **went** have → **had** make → **made** buy → **bought** give → **gave** meet → **met** come → **came** ride → **rode** leave → **left** feel → **felt**	

Words

boil 끓다   season 계절   put on ~을 입다   school uniform 교복   invent 발명하다

Grammar Tips

[1] 과거시제와 함께 자주 쓰이는 부사(구): yesterday, last night[week, month, year], ~ ago 등

역사적 사실도 과거시제를 쓴다.
King Sejong **invented** Hangul.

Check-up 빈칸에 알맞은 말을 보기에서 골라 과거형으로 바꿔 쓰시오.

보기	ask	buy	go	be

1 My brother _____ to Europe last summer.

2 I _____ a pack of gum on my way home.

3 Those shoes _____ too big for me.

4 She _____ questions about my trip.

C 과거시제의 부정문과 의문문

Grammar Tips

² 일반동사 과거형의 부정문과 의문문은 be동사와 달리 주어의 인칭과 수에 따라 변하지 않는다.

1 be동사 과거형의 부정문과 의문문

과거형	부정문	의문문	의문문에 대한 대답
was	was not[wasn't]	Was I/he/she/it ~?	Yes, 주어+was. / No, 주어+wasn't.
were	were not[weren't]	Were we/you/they ~?	Yes, 주어+were. / No, 주어+weren't.

His joke **was not[wasn't]** funny.
They **were not[weren't]** quiet in class.
Was the book interesting? — **Yes, it was. / No, it wasn't.**
Were your parents home? — **Yes, they were. / No, they weren't.**

2 일반동사 과거형의 부정문과 의문문²

부정문	의문문	의문문에 대한 대답
did not[didn't]+동사원형	Did+주어+동사원형 ~?	Yes, 주어+did. / No, 주어+didn't.

I **did not[didn't] know** her email address.
Did Steve win the race? — **Yes, he did. / No, he didn't.**

Check-up 다음 문장을 ( ) 안의 지시대로 바꿔 쓰시오.

1 I was in Busan last winter.

(부정문으로) → _____

2 They were at the theater.

(의문문으로) → _____

3 Eric came home late yesterday.

(의문문으로) → _____

4 Suji took a walk with her dog this afternoon.

(부정문으로) → _____

Words
pack 통, 팩   gum 껌   on one's way ~로 가는 길에   too 너무   trip 여행   interesting 흥미로운
address 주소   race 경주   take a walk 산책하다

🏅 UNIT 2 진행시제와 미래시제

Ⓐ 진행시제

진행시제는 특정 시점에 진행 중인 일을 나타낸다.

1 현재진행시제: be동사의 현재형(am/are/is)+v-ing (~하고 있다)

The phone **is ringing** now.

Many people **are jogging** in the park.

2 과거진행시제: be동사의 과거형(was/were)+v-ing (~하고 있었다)

Nick **was lying** on the bed.

We **were talking** about our vacation.

3 진행시제의 부정문과 의문문

• 부정문: be동사+not v-ing

Betty **is not wearing** a skirt. She is wearing jeans.

Minsu **was not singing** on the stage. He was dancing.

• 의문문: be동사+주어+v-ing ~?

Are you looking for this key? — **Yes, I am. / No, I'm not.**

Was John listening to music? — **Yes, he was. / No, he wasn't.**

More Grammar   v-ing를 만드는 법

대부분의 동사	동사원형 + -ing	clean**ing**, fight**ing**
-e로 끝나는 동사	e를 빼고 + -ing	writ**ing**, smil**ing**
-ie로 끝나는 동사	ie를 y로 고치고 + -ing	lie → l**ying**, tie → **tying**
「단모음+단자음」으로 끝나는 동사	자음을 한 번 더 쓰고 + -ing	begin → begin**ning**, swim → swim**ming**

Check-up   우리말과 일치하도록 (   ) 안의 표현을 이용하여 문장을 완성하시오.

1 너는 버스를 기다리고 있는 중이니? (wait for)

→ _____ a bus?

2 그는 컴퓨터 게임을 하고 있지 않았다. (play)

→ He _____ computer games.

3 Sue는 문에서 신발 끈을 매고 있었다. (tie)

→ _____ her shoes at the door.

Words

ring (전화가) 울리다   jog 조깅하다   lie 누워 있다   talk about ~에 대해 이야기하다   vacation 방학, 휴가
jeans 청바지   stage 무대   look for ~을 찾다   listen to ~을 듣다   wait for ~을 기다리다   tie 묶다

B 미래시제

미래시제는 미래의 일을 예측하거나, 앞으로 일어날 일을 나타낸다.

1 will+동사원형: ~할 것이다(미래에 대한 예측), ~하겠다(주어의 의지)

He **will**[1] **arrive** in New York tomorrow morning.

I **will order** a pizza for us.

· 부정문: will not[won't]+동사원형

I **will not[won't] eat** fast food. It's unhealthy.

· 의문문: Will+주어+동사원형 ~?

Will you play basketball after school? — **Yes, I will. / No, I won't.**

2 be going to+동사원형: ~할 것이다(미래에 대한 예측), ~할 예정이다(예정)

A typhoon **is going to come** soon.

Mr. Kim **is going to move** out next Monday.

· 부정문: be동사+not going to+동사원형

My father **is not going to climb** the mountain.

· 의문문: be동사+주어+going to+동사원형 ~?

Is the plane going to arrive on time? — **Yes, it is. / No, it isn't.**

Grammar Tips

[1] 주어와 will을 줄여서
He will → He'll,
I will → I'll, They will →
They'll 등으로 쓸 수 있다.

Check-up 다음 문장을 ( ) 안의 표현을 이용하여 바꿔 쓰시오.

1 She visits her grandparents. (will, tomorrow)

→ _____

2 I give up my dream. (will, not)

→ _____

3 Does he come to the party? (will, this Friday)

→ _____

4 It snows. (be going to, not, on Christmas Eve)

→ _____

5 We go skiing in Muju. (be going to, next week)

→ _____

6 Do you have a singing audition? (be going to, next Saturday)

→ _____

Words

arrive 도착하다   unhealthy 건강에 해로운   typhoon 태풍   move out (살던 집에서) 이사를 나가다
on time 제시간에   give up (~을) 포기하다   have an audition 오디션을 받다

[01-04] 빈칸에 알맞은 것을 고르시오.

01

> He _____ his old friend next weekend.

① meet　　　　　② met
③ was meeting　④ will meet
⑤ be going to meet

02

> A: _____ you at the concert yesterday?
> B: No, I wasn't. I was studying for my exam.

① Are　　② Was
③ Were　④ Do
⑤ Did

03

> A: _____ you like the new movie?
> B: Yes, I liked it a lot. It was exciting.

① Do　　② Does
③ Did　④ Are
⑤ Were

⭐ 자주 나와요
04

> A: What did you read over summer vacation?
> B: I _____ a mystery novel.

① read　　② reads
③ readed　④ am reading
⑤ will read

[05-07] 밑줄 친 부분이 어법상 어색한 것을 고르시오.

⭐ 자주 나와요
05

① I go to school at eight every day.
② The sun rises in the east.
③ He travels to Thailand a month ago.
④ I always feel tired on Monday morning.
⑤ The movie shows a rock star's life.

06

① He was at home all day.
② We were busy last week.
③ The man was in good shape.
④ The questions were difficult.
⑤ The weather were humid yesterday.

⚠ 어려워요
07

① We are having sandwiches.
② She is planning a trip with her family.
③ They are buying tickets for the museum.
④ The boy is wanting a nice present.
⑤ We are not cheering for Jackson's team.

[08-09] 우리말과 일치하도록 할 때 빈칸에 알맞은 것을 고르시오.

08

> 학생들은 그 의견에 동의하지 않았다.
> → The students _____ with
> 　the idea.

① aren't agree　　② weren't agree
③ don't agree　　④ doesn't agree
⑤ didn't agree

09

> 그들은 경기에서 최선을 다하고 있었다.
> → They _____ _____ their best at the game.

① is trying
② are trying
③ was trying
④ were trying
⑤ were tried

🗨 서술형

10 우리말과 일치하도록 ( ) 안의 단어를 이용하여 문장을 완성하시오.

> Daisy는 L.A.에 있는 고모를 방문 중이다.
> → Daisy _____ her aunt in L.A. (visit)

🗨 서술형

11 우리말과 일치하도록 밑줄 친 부분을 바르게 고치시오.

> 그녀는 병원에 전화를 하고 있었니?
> → <u>Did she call</u> the hospital?

→ _____

12 빈칸에 알맞지 <u>않은</u> 것은?

> He _____ in China in 2000.

① was
② arrives
③ lived
④ studied
⑤ worked

[13-14] 빈칸에 알맞은 말이 바르게 짝지어진 것을 고르시오.

13

> Brian _____ a member of the photo club now. He _____ the club last month.

① is - join
② is - joins
③ is - joined
④ was - joins
⑤ was - joined

14

> A : _____ Sam _____ the prize yesterday?
> B : Yes, he did.

① Do - receive
② Does - receive
③ Does - receives
④ Did - receive
⑤ Did - receives

15 우리말을 영어로 바르게 옮긴 것은?

> 너는 오늘 아침에 내 문자 메시지를 받았니?

① Do you get my text message this morning?
② Did you get my text message this morning?
③ Was you get my text message this morning?
④ Were you get my text message this morning?
⑤ Were you getting my text message this morning?

[16-18] 어법상 <u>어색한</u> 것을 고르시오.

16

① Was the bus crowded?
② I didn't working during vacation.
③ Yesterday was a national holiday.
④ They were not ready for the show.
⑤ He cut the paper with scissors.

⚠ 어려워요

17

① Are you going to call your mother?
② Is he going to meet his doctor?
③ Brian is going not to study abroad.
④ Is the weather going to be good tomorrow?
⑤ We are going to leave early in the evening.

18

① We won't go out tonight.

② Will she arrives before dinner?

③ Will they donate money to the organization?

④ Sandy will not take a driving test.

⑤ My parents will invite their friends to the party.

💬 서술형 ⚠ 어려워요

19 우리말과 일치하도록 빈칸에 공통으로 알맞은 말을 쓰시오.

• She _____ the guitar at the festival.
(그녀는 축제에서 기타를 쳤다.)

• They _____ baseball yesterday.
(그들은 어제 야구를 했다.)

• We _____ computer games last weekend. (우리는 지난 주말에 컴퓨터 게임을 했다.)

⭐ 자주 나와요

20 짝지어진 대화가 어색한 것은?

① A : Are you waiting for his letter?
　B : Yes, I do.

② A : Did she email the file?
　B : No, she didn't.

③ A : Were you using the phone an hour ago?
　B : Yes, I was.

④ A : Is your daughter playing outside?
　B : No, she isn't.

⑤ A : Are they going to open a store?
　B : Yes, they are.

💬 서술형

[21-22] 우리말과 일치하도록 문장을 완성하시오.

21

John은 숙제를 하고 있지 않았다.
→ John _____ his homework.

22

George가 그 태권도 대회에 참가할 예정이니?
→ Is George _____ attend the taekwondo contest?

---

23 빈칸에 공통으로 알맞은 것은?

A : I _____ cook dinner tonight.
B : Really? _____ you wash the dishes, too?
A : Of course I _____.

① do[Do]　　　　② am[Am]
③ are[Are]　　　④ will[Will]
⑤ did[Did]

---

24 다음 질문에 대한 대답으로 알맞은 것은?

A : Will we be late for the movie?
B : _____. We will arrive in time.

① Yes, we are
② Yes, we will
③ No, we aren't
④ No, we won't
⑤ No, we don't

💬 서술형

25 밑줄 친 ⓐ, ⓑ를 바르게 고치시오.

• Sam was ⓐ lieing on the lawn.
• I went into the classroom, and the class was just ⓑ begining.

ⓐ → _____

ⓑ → _____

A

우리말과 일치하도록 주어진 단어를 바르게 배열하시오.

1 그녀는 토요일마다 빨래를 한다.

(the laundry, she, on Saturdays, does)

→ _____

2 그 선생님께서 교무실에 계셨니?

(the teachers' room, was, in, the teacher)

→ _____

3 당신은 가족과 함께 여행을 갈 건가요?

(travel, are, with your family, you, going to)

→ _____

B

우리말과 일치하도록 ( ) 안의 표현을 이용하여 문장을 완성하시오.

1 나는 어제 그 열차를 놓치지 않았다. (miss, the train)

→ _____ yesterday.

2 그녀는 내 옆에 앉아 있었다. (sit)

→ _____ next to me.

3 나는 다시는 실수를 하지 않겠다.

(will, make a mistake)

→ _____ again.

C

( ) 안의 단어를 이용하여 다음 글의 빈칸에 알맞은 말을 쓰시오.

Last Sunday, my family _____ (go) to an amusement park. We _____ (ride) the Viking boat and the water slide. It _____ (be) exciting. We _____ (eat) *gimbap* and sandwiches for lunch. I _____ (have) a really fun day!

⚠ **어려워요**

D

그림을 보고 보기의 표현을 이용하여 문장을 완성하시오.

yesterday   now

Chris

his
sisters

보기	read books	study math
	go swimming	practice the piano

1 Yesterday, Chris _____ and his sisters _____ .

2 Now, Chris _____ and his sisters _____ .

E

다음 글의 밑줄 친 ⓐ~ⓓ를 바르게 고치시오.

Last week, I ⓐ am sick with the flu and I ⓑ don't go to school. I was alone at home and ⓒ feel sad. Tomorrow, I ⓓ am go back to school. I will meet my friends and teachers again. I am already excited!

ⓐ → _____   ⓑ → _____

ⓒ → _____   ⓓ → _____

문법 정리
OX

바르게 쓰인 문장에는 **O**, 어색한 문장에는 **X**를 표시한 후,
어색한 부분을 바르게 고치시오.

현재시제

1 The earth went around the sun.　　　(　)

_____ → _____

▸ The earth **goes** around the sun.
불변의 진리는 현재시제를 쓴다.

과거시제

2 I made some friends at my new school.　(　)

_____ → _____

▸ I **made** some friends at my new school.
make의 과거형은 made이다.

과거시제의 부정문과 의문문

3 Do you take many pictures on your last　(　)
trip?

_____ → _____

▸ **Did** you take many pictures on your last trip?
일반동사 과거형의 의문문은 「Did+주어+동사원형 ~?」이다.

진행시제

4 He wasn't driveing a car.　　　　(　)

_____ → _____

▸ He **wasn't driving** a car.
진행형을 만들 때 -e로 끝나는 동사는 e를 빼고 -ing를 붙인다.

진행시제

5 She is not having long hair.　　　(　)

_____ → _____

▸ She **doesn't have** long hair.
have, like, want 등 소유나 감정, 상태를 나타내는 동사는 진행시제로 쓰지 않는다.

미래시제

6 He won't tells your secret to anybody.　(　)

_____ → _____

▸ He **won't tell** your secret to anybody.
will이나 will not[won't] 뒤에는 동사원형을 쓴다.

미래시제

7 Is he going to invite Sarah and Lisa to his　(　)
party?

_____ → _____

▸ **Is** he **going to** invite Sarah and Lisa to his party?
be going to의 의문문은 「be동사+주어+going to+동사원형 ~?」이다.

미래시제

8 You will going to have a lot of fun.　　(　)

_____ → _____

▸ You **will[are going to]** have a lot of fun.
미래시제는 「will+동사원형」 또는 「be going to+동사원형」으로 나타낼 수 있다.

30

Chapter

명사, 관사, 대명사

UNIT 1 명사와 관사

Ⓐ 명사의 종류

명사는 사람, 사물, 장소 등의 이름을 나타내는 말로 셀 수 있는 명사와 셀 수 없는 명사로 나뉜다.

1 셀 수 있는 명사: 셀 수 있는 명사 하나(단수)를 나타낼 때는 앞에 a/an을 붙이고,
둘 이상(복수)일 때는 주로 뒤에 -(e)s를 붙여 복수형으로 나타낸다.

a clock, **a** building, **an** elephant, **an** umbrella, two tiger**s**, three watch**es** ...

More Grammar 셀 수 있는 명사의 복수형 만드는 법

대부분의 명사	명사 + -s	chair**s**, tree**s**, dog**s**, robot**s**, toy**s**
-s, -ss, -x, -ch, -sh, -o로 끝나는 명사	명사 + -es	bus**es**, glass**es**, box**es**, bench**es**, dish**es**, potato**es** (예외: piano**s**, photo**s**)
「자음 + -y」로 끝나는 명사	y를 i로 고치고 + -es	baby → bab**ies**, city → cit**ies**
-f, -fe로 끝나는 명사	f, fe를 v로 고치고 + -es	thief → thie**ves**, knife → kni**ves** (예외: roof**s**)
불규칙 변화		man → **men**, woman → **women**, child → **children**, tooth → **teeth**, foot → **feet**, mouse → **mice**

2 셀 수 없는 명사: 항상 단수형으로 쓰고, 앞에 a/an을 붙이지 않는다.

- 추상적인 개념을 나타내는 명사(추상명사): love, happiness, luck, health, news[1] ...
- 사람, 장소, 요일 등의 고유한 이름을 나타내는 명사(고유명사)[2]: Tom, Seoul, Monday ...
- 고정된 형태가 없는 물질을 나타내는 명사(물질명사): water, sugar, paper, money ...

More Grammar 물질명사의 수량을 나타내는 법

물질명사의 수량은 용기나 단위를 나타내는 말을 이용하여 나타낸다.
a glass of water, **two glasses of** water / **a cup of** tea, **two cups of** tea
a piece of paper, **two pieces of** paper / **a bowl of** soup, **two bowls of** soup
a slice of bread, **two slices of** bread / **a bottle of** milk, **two bottles of** milk

---

Check-up 밑줄 친 부분을 어법에 맞게 고치시오.

1 There are three baby <u>monkey</u> in the zoo.

2 My <u>foots</u> are 230 mm long.

3 She finds <u>a happiness</u> in her everyday life.

4 Please give me three <u>slice of cheeses</u>.

Words

watch 손목시계   thief 도둑   roof 지붕   foot 발   sheep 양   deer 사슴   happiness 행복   health 건강
piece 조각, 한 부분   bowl 사발, 대접   slice 조각   bottle 병   pair 한 쌍

Grammar Tips

+
단수형과 복수형이 같은 명사:
a **sheep**, two **sheep** ...
a **deer**, two **deer** ...

[1] news는 복수형처럼 보이지만 셀 수 없는 명사로 단수 취급한다.

[2] 고유명사의 첫 글자는 항상 대문자로 쓴다.

+
두 개가 한 쌍을 이루는 shoes(신발), glasses(안경), scissors(가위), pants(바지) 등은 항상 복수형으로 쓰며, a pair of, two pairs of ...를 이용해 수를 나타낸다.
a pair of shoes,
two pairs of shoes ...

ⓑ 관사

관사는 명사 앞에 쓰여 명사의 성격을 나타내는 말로, 부정관사 a/an과 정관사 the가 있다.

1 **부정관사 a/an**: 셀 수 있는 명사의 단수형 앞에 쓰여, '(막연한) 하나'를 나타낸다. 발음이 자음으로 시작하는 단어 앞에는 a, 모음으로 시작하는 단어 앞에는 an을 쓴다.[3]
   - 특정하지 않은 막연한 하나: I need **an** umbrella.
   - 하나의(= one): You were **an** hour late.
   - ~마다(= per): Lucy calls her grandmother once **a** week.

2 **정관사 the**[4]: 이미 언급되었거나 정황상 무엇인지 알 수 있는 특정한 명사를 나타낸다.
   - 앞에서 언급한 바로 그것: I ate *a sandwich*. **The** sandwich was very tasty.
   - 서로 알고 있는 것: Read **the** book aloud.
   - 수식어구로 특정된 것: **The** people *in this town* are very friendly.
   - 관용적으로 쓰는 경우: **the** sun/moon/earth/sky/sea(세상에 하나밖에 없는 것), play **the** violin/piano(악기 이름), **the** Internet/radio(일부 매체) 등

3 **관사를 쓰지 않는 경우**
   - 식사 이름 앞: James is having **breakfast/lunch/dinner**.
   - 운동경기 이름 앞: I played **soccer/tennis/baseball**.
   - by+교통수단: She will come here **by bus/taxi/subway/plane**.
   - by+통신수단: They contacted him **by email/phone**.
   - 장소가 본래의 용도로 쓰일 때[5]: My brother went to **school/bed/church**.

Grammar Tips

[3] 모음과 자음
모음: [a, e, i, o, u]
자음: 모음을 제외한 발음
- 철자가 모음으로 시작하더라도 자음 소리로 시작하는 명사 앞에는 a를 쓴다.
a unit[júːnit]
- 철자가 h로 시작하더라도 h 소리가 나지 않고 모음 소리로 시작하는 명사 앞에는 an을 쓴다.
an hour[auər]

[4] the는 자음 소리로 시작하는 단어 앞에서는 [ðə]로, 모음 소리로 시작하는 단어 앞에서는 [ði]로 발음한다.

[5] 장소가 본래의 용도로 쓰이지 않는 경우에는 앞에 관사를 쓴다.
My mom was standing in front of **the** school. (건물로서의 '학교'를 의미)

Check-up   빈칸에 a, an, the 중 알맞은 것을 쓰시오. (필요 없으면 X 표시 하시오.)

1 We went to Daegu by _____ train.

2 I was driving 80 km _____ hour.

3 Mom doesn't make _____ breakfast on weekends.

4 _____ library near my house is always crowded.

5 My brother is _____ university student.

6 Jessica surfs _____ Internet in her free time.

7 David goes to _____ bed at ten o'clock every day.

8 I bought _____ ice cream cone and two bottles of juice.

Words

unit (구성) 단위   tasty 맛있는   aloud 소리 내어   friendly 친절한   contact 연락하다   stand 서다
in front of ~앞에   crowded 붐비는   surf the Internet 인터넷을 검색하다   free time 여가 시간

UNIT 2 대명사

A 재귀대명사

재귀대명사는 '~자신'을 나타내는 말로, 인칭대명사의 소유격이나 목적격에 -self/-selves를 붙여서 만든다.

인칭	단수	복수
1인칭	myself	ourselves
2인칭	yourself	yourselves
3인칭	himself/herself/itself	themselves

1 재귀용법: 주어의 행위의 대상이 주어 자신일 때(주어 = 목적어, 생략 불가능)

Natalie introduced **herself** to the class.　　We're proud of **ourselves**.

2 강조용법: 주어를 강조할 때(생략 가능)

I baked the bread (**myself**).

Check-up 　빈칸에 알맞은 재귀대명사를 쓰고, 생략 가능하면 ( )로 표시하시오.

1 Justin is drawing _____.

2 Betty and Robert took a picture of _____.

3 The computer _____ doesn't have a problem. The printer has a problem.

B 지시대명사 this, that

1 this(복수형 these): 가까이 있는 사물이나 사람을 가리킬 때 쓰며, '이것, 이 사람, 이 ~'의 의미를 나타낸다.

This is my dog, Fido.　　　　　Take **this** book with you.
These are delicious cupcakes.　　I like **these** shoes.

2 that(복수형 those): 멀리 떨어져 있는 사물이나 사람을 가리킬 때 쓰며, '저것, 저 사람, 저 ~'의 의미를 나타낸다.

Is **that** your new bike?　　　　I solved **that** puzzle.
Those are empty boxes.　　　　**Those** math problems are hard.

Check-up 　우리말과 일치하도록 빈칸에 알맞은 말을 쓰시오.

1 저 남자는 매우 잘생겼다. → _____ man is very handsome.

2 이 바나나들은 오래되었다. → _____ bananas are old.

3 저것들은 내 친구들로부터 온 편지들이다. → _____ are letters from my friends.

4 이것은 우리 부모님의 결혼 앨범이다. → _____ is my parents' wedding album.

Words
introduce 소개하다　be proud of ~을 자랑스러워하다　take a picture of ~의 사진을 찍다　delicious 맛있는
solve 해결하다　empty 비어 있는　hard 어려운　handsome 잘생긴　wedding 결혼(식)

➕
재귀대명사를 이용한 관용 표현
• by oneself: 혼자서 (= alone)
• for oneself: 혼자 힘으로, 스스로
• help oneself (to): (~을) 마음껏 먹다
• make oneself at home: 편히 쉬다, 편하게 있다
• enjoy oneself: 즐거운 시간을 보내다
• talk to oneself: 혼잣말을 하다

C one, some, any

1 one: 앞에 나온 명사와 같은 종류의 불특정한 사물이나 사람을 가리킨다. 복수명사를 가리킬 때는 ones를 쓴다.

She is eating a hamburger. I want **one**, too.[1] (one = a hamburger)
My jeans are too small. I need new **ones**. (ones = jeans)

2 some/any: '약간(의), 몇 개(의)'의 의미이다.

- some: 주로 긍정의 평서문과 권유를 나타내는 의문문에 쓰인다.

The flowers are beautiful. I will buy **some**.
He will have **some** free time this weekend.
Would you like **some** candy?

- any: 주로 부정문과 의문문에 쓰인다.

There isn't **any** milk in the refrigerator.
Do you have **any** plans for tomorrow? — No, I don't have **any**.

Check-up 밑줄 친 부분을 어법에 맞게 고치시오.

1 Leon made <u>any</u> new friends at school.

2 They didn't have <u>some</u> money.

3 Which pair of pants are on sale? — The blue <u>one</u>.

Grammar Tips

[1] She is eating a hamburger. **It** looks delicious. (It = The hamburger)
→ 앞에서 언급한 '바로 그것'을 가리킬 때는 one이 아닌 it을 쓴다.

➕
one은 일반적인 사람을 가리키기도 한다.
One should prepare for **one**'s future. (one = a person)

➕
one은 셀 수 있는 명사에 쓰고, some과 any는 셀 수 있는 명사와 셀 수 없는 명사 둘 다에 쓸 수 있다.

D 비인칭 주어 it

날씨, 시간, 요일, 날짜, 계절, 거리, 명암 등을 나타낼 때는 주어로 보통 it을 쓴다. 이때의 it을 비인칭 주어라고 하며, '그것'이라고 해석하지 않는다.

It is cloudy and rainy.
What time is **it**? — **It** is 8:30 p.m.
It's three kilometers to my house.
It's dark in here.

Check-up ( ) 안의 표현을 이용하여 질문에 대답하시오.

1 What's the date today? — _____ (March 2)

2 What day is it today? — _____ (Tuesday)

3 How is the weather? — _____ (sunny)

4 What time is it now? — _____ (five o'clock)

Words
prepare for ~을 준비하다   future 미래   person 사람   refrigerator 냉장고   plan 계획
make a friend 친구를 사귀다   cloudy 흐린   rainy 비가 많이 오는   dark 어두운   date 날짜

[01-03] 빈칸에 알맞은 것을 고르시오.

⭐ 자주 나와요

01

> I don't have _____ money now.

① a
② an
③ one
④ some
⑤ any

02

> A: _____ your socks?
> B: No. They are my brother's.

① Is it
② Is that
③ Is those
④ Are that
⑤ Are those

03

> A: These plates are dirty.
> B: Use the _____ in the cupboard.
>   They're clean.

① them
② one
③ ones
④ some
⑤ any

04 단어의 복수형이 잘못 짝지어진 것은?

① toy → toys
② thief → thieves
③ box → boxes
④ mouse → mouses
⑤ woman → women

💬 서술형

05 빈칸에 알맞은 재귀대명사를 쓰시오.

> • She often talks to _____.
> • My family and I enjoyed _____ at the beach.

[06-08] 밑줄 친 부분이 어법상 어색한 것을 고르시오.

06

① I have two sunglasses.
② She bought two pairs of pants.
③ His feet look like his father's.
④ The leaves turned red.
⑤ There are many sheep in the field.

07

① He drank some juice.
② There aren't any problems.
③ Do you want some snacks?
④ Do you need any help?
⑤ There isn't some pizza on the table.

⭐ 자주 나와요

08

① We went to the park by bus.
② The kids play the piano very well.
③ I had lunch early today.
④ I ordered my ticket by a phone.
⑤ He goes to church every Sunday.

💬 서술형

09 밑줄 친 부분을 바르게 고치시오.

> There are many kinds of dictionary in the library.

→ _____

10 빈칸에 **an**을 쓸 수 <u>없는</u> 것은?

① I didn't bring ___ umbrella.

② We need ___ onion.

③ He wears ___ uniform.

④ They lived in ___ igloo.

⑤ We saw ___ opera.

11 우리말과 일치하도록 할 때 빈칸에 알맞은 말이 바르게 짝지어진 것은?

> 프린터에 종이가 없다.
> → There _____ no _____ in the printer.

① is – paper

② is – papers

③ isn't – paper

④ are – paper

⑤ are – papers

12 밑줄 친 부분이 어법상 올바른 것은?

① The <u>babies</u> are sleeping.

② There are three <u>benchs</u> around the lake.

③ Peel the <u>potatos</u> and cut them.

④ The <u>childs</u> are making a snowman.

⑤ We took a lot of <u>photoes</u>.

13 어법상 올바른 것은?

① Do you like teas?

② Do you want some cookies?

③ I put some salts on the food.

④ He has a lot of moneys.

⑤ They don't take care of their healths.

14 다음 대화의 밑줄 친 부분이 어법상 올바른 것은?

① A: Is it sunny in Busan?

   B: No, it isn't. <u>This</u> is cloudy today.

② A: Did you eat the burger?

   B: Yes, I did. <u>A burger</u> was delicious.

③ A: Are these books helpful?

   B: Yes, <u>it is</u>.

④ A: Do you have any problems?

   B: No. I don't have <u>some</u> problems.

⑤ A: The popcorn smells good.

   B: I'll buy <u>some</u>.

[15-16] 우리말과 일치하도록 할 때 빈칸에 알맞은 것을 고르시오.

15

> 저희 집에 오신 걸 환영해요. 편히 계세요.
> → Welcome to my house. Please make
> _____ at home.

① me　　　　　　② myself

③ you　　　　　　④ yourself

⑤ ourselves

16

> 우리 집에는 신발이 다섯 켤레 있다.
> → There are _____ shoes in my house.

① five of　　　　② five pair

③ five pairs　　　④ five pair of

⑤ five pairs of

17 다음 문장을 ( ) 안의 지시대로 바꿔 쓰시오.

> Is this your new skirt? (skirt를 skirts로)
> → _____

[18-19] 우리말과 일치하도록 빈칸에 알맞은 관사를 쓰시오.

18

나는 인터넷에서 그 상점의 주소를 찾았다.
→ I found the address of the store on
_____ Internet.

19

그 기차는 시속 약 300km로 간다.
→ The train travels at about 300 km
_____ hour.

⚠️ 어려워요
[20-21] 밑줄 친 부분의 쓰임이 <u>다른</u> 하나를 고르시오.

20
① She introduced <u>herself</u> to us.
② The actor expresses <u>himself</u> well.
③ Please help <u>yourself</u>.
④ He talked to the manager <u>himself</u>.
⑤ Emily took a picture of <u>herself</u>.

21
① <u>It</u> is hot and sunny.
② <u>It</u> is Children's Day.
③ <u>It</u> is Tom's old wallet.
④ <u>It</u> is winter in France.
⑤ <u>It</u> is raining outside.

22 빈칸에 알맞은 말이 바르게 짝지어진 것은?

Yesterday, our teacher showed _____
book to us. The title of _____ book was
The Secret.

① a - a
② a - the
③ a - some
④ the - a
⑤ the - any

💬 서술형
[23-24] ( ) 안의 단어를 이용하여 밑줄 친 부분을 바르게
고치시오.

23

I ate <u>three breads</u>. (slice)

→ _____

24

There is <u>a soup</u>. (bowl)

→ _____

25 빈칸에 the[The]를 쓸 수 <u>없는</u> 것은?
① Look at _____ blue sky.
② I listened to _____ radio.
③ We played _____ basketball.
④ She swam in _____ sea.
⑤ _____ TV in my room is small.

A

우리말과 일치하도록 주어진 단어를 바르게 배열하시오.

1 이 영화는 아이들을 위한 것이다.

(movie, children, is, this, for)

→ _____

2 오늘 수업에 대해 질문이 좀 있나요?

(have, do, any, you, about, questions)

→ _____ today's class?

3 나는 아침으로 약간의 빵과 우유를 먹었다.

(some bread, for breakfast, I, had, milk, and)

→ _____

B

우리말과 일치하도록 ( ) 안의 단어를 이용하여 문장을 완성하시오.

1 우리는 한 달에 두 번 축구 경기를 한다. (twice)

→ We have soccer games _____ .

2 여기서 그 도시까지는 10 km이다. (kilometers)

→ _____ from here to
the city.

3 Jason은 자신에 관한 책 한 권을 출간했다. (about)

→ Jason published _____ .

⚠ 어려워요

C

빈칸에 공통으로 알맞은 말을 쓰시오.

1
> • There are no clouds in _____ sky.
>
> • I want _____ oranges in the basket.
>
> • He plays _____ cello.

→ _____

2
> • This shirt is too small for me. Do you have
> a bigger _____?
>
> • This camera is old. I need a new _____.

→ _____

D

보기의 단어를 이용하여 게시물을 완성하시오.

| 보기 | pair | bottle | piece |

For the picnic, please bring ...

For games

• a pen

• _____ _____ paper

• _____ _____ scissors

For lunch

• a sandwich

• some snacks

• _____ _____ water

E

다음 대화의 밑줄 친 ⓐ~ⓒ를 바르게 고치시오.

Ann: Sam, what did you do yesterday?

Sam: ⓐ That was my birthday yesterday. So, I
had a small party.

Ann: Really? Did you have ⓑ a fun?

Sam: Of course. My friends came, and I
received many ⓒ present. I was very
happy.

ⓐ → _____   ⓑ → _____

ⓒ → _____

바르게 쓰인 문장에는 **O**, 어색한 문장에는 **X**를 표시한 후,
어색한 부분을 바르게 고치시오.

접어서 풀어보세요.

명사의 종류

1 I bought two jeans for you.　　　　　( )

　　　　　 → 　　　　　

▶ I bought two pairs of jeans for you.
두 개가 한 쌍을 이루는 단어는 ~ pair(s) of를 써서 수를 나타낸다.

관사

2 Does she have a email address?　　　( )

　　　　　 → 　　　　　

▶ Does she have an email address?
발음이 모음으로 시작하는 단어 앞에는 a가 아닌 an을 쓴다.

관사

3 Please turn off the light. It's too bright.　( )

　　　　　 → 　　　　　

▶ Please turn off the light. It's too bright.
정황상 무엇인지 알 수 있는 것 앞에는 the를 쓴다.

관사

4 Rachel studied at the school until late.　( )

　　　　　 → 　　　　　

▶ Rachel studied at school until late.
장소가 본래의 용도로 쓰일 때는 관사를 쓰지 않는다.

재귀대명사

5 I'm always proud of me.　　　　　( )

　　　　　 → 　　　　　

▶ I'm always proud of myself.
주어의 행위의 대상이 주어 자신일 때(주어 = 목적어), 목적어는 재귀대명사
로 쓴다.

지시대명사 this, that

6 This is my friends, Betty and John.　( )

　　　　　 → 　　　　　

▶ These are my friends, Betty and John.
지시대명사 this의 복수형은 these이다.

---

one, some, any

7 James gave any flowers to me.　　　( )

　　　　　 → 　　　　　

▶ James gave some flowers to me.
'약간(의), 몇 개(의)'의 의미를 나타낼 때 긍정문에서는 any가 아닌 some을
쓴다.

비인칭 주어 it

8 This is very warm in Jeju.　　　　　( )

　　　　　 → 　　　　　

▶ It is very warm in Jeju.
날씨를 나타낼 때는 비인칭 주어 It을 쓴다.

Chapter

4

형용사와 부사, 비교

ⓣ UNIT 1 형용사와 부사

Ⓐ 형용사의 쓰임

1 형용사는 명사나 대명사를 수식한다. 보통 앞에서 수식하지만 -one, -body, -thing으로 끝나는 말은 뒤에서 수식한다.

She told me a **scary** *story*.

I'm hungry. I want *something* **tasty**.

2 주어나 목적어를 보충 설명한다.

The weather was **wonderful**. 주어 보충 설명

His music makes *me* **happy**.[1] 목적어 보충 설명

Check-up　( ) 안의 형용사를 적절한 위치에 써 넣으시오.

1 It _____ is _____ a _____ day. (hot)

2 I _____ saw _____ somebody _____ in front of the door. (strange)

3 The pasta _____ in the restaurant _____ was _____. (good)

Ⓑ 수와 양을 나타내는 형용사

의미	셀 수 있는 명사의 복수형 앞	셀 수 없는 명사 앞
조금 있는, 약간의 (긍정적)	a few	a little
거의 없는 (부정적)	few	little
많은	many	much
	a lot of, lots of	

There are **a few** books on the bookshelf.

Amy knows **few** people in the class.

Please put **a little** sugar in my coffee.

There is **little** water in the glass.

Paul has **many[a lot of, lots of]** baseball caps.

I don't have **much[a lot of, lots of]** time.

Check-up　( ) 안에서 알맞은 것을 고르시오.

1 John has (few, little) money. He can't buy new shoes.

2 There were (many, much) people at the concert.

3 I have (a few, a little) questions. Can I ask them now?

Words

scary 무서운　somebody 누군가　strange 이상한, 낯선　in front of ~ 앞에　bookshelf 책꽂이　cap 모자

Grammar Tips

[1] 주어나 목적어를 보충 설명할 때 부사는 쓸 수 없다.
→ His music makes me *happily*. (x)

C 부사의 쓰임과 형태

1 부사는 동사, 형용사, 다른 부사 또는 문장 전체를 수식한다.

Jinsu *exercises* **hard** every day. 동사 수식

Sam was **very** *thirsty*. 형용사 수식

That roller coaster moves **very** *fast*. 다른 부사 수식

Honestly, *I don't understand you*. 문장 전체 수식

Grammar Tips

[2] -ly로 끝나지만 부사가 아닌 형용사인 단어:
friend + ly → friendly
(친절한, 다정한)
love + ly → lovely
(사랑스러운)

2 부사의 형태

대부분의 부사	형용사 + -ly[2]	kind**ly**, strong**ly**, careful**ly**
-y로 끝나는 형용사	y를 i로 고치고 + -ly	happy → happ**ily**, easy → eas**ily**
형용사와 형태가 같은 부사	high(높은) – **high**(높이) early(이른) – **early**(일찍) fast(빠른) – **fast**(빨리)	hard(열심히 하는) – **hard**(열심히) late(늦은) – **late**(늦게)

Check-up 밑줄 친 부분을 어법에 맞게 고치고, 고친 단어가 수식하는 말에 동그라미 표시하시오.

1 It is a very <u>easily</u> question.

2 <u>Lucky</u>, I passed the audition.

3 Jessie kicked the ball <u>highly</u> into the air.

D 빈도부사

빈도부사는 어떤 일이 얼마나 자주 일어나는지를 나타내는 말로, be동사나 조동사의 뒤, 일반동사의 앞에 쓴다.

never	<	seldom	<	sometimes	<	often	<	usually	<	always
결코 ~않다		좀처럼 ~않다		때때로		자주		보통, 대개		항상

Jessica is **always** sleepy in the afternoon.

I will **never** forget your kindness.

Alex **often** buys new clothes at the department store.

Check-up ( ) 안의 단어를 적절한 위치에 넣어 문장을 다시 쓰시오.

1 She is late for school. (often) → _____

2 We watch TV on weekdays. (never) → _____

3 I will think about Laura. (always) → _____

Words

honestly 솔직히   understand 이해하다   kick (발로) 차다   highly 매우   into the air 공중으로   sleepy 졸린
forget 잊다   kindness 친절   department store 백화점

🏅 UNIT 2 비교 표현

Ⓐ 형용사, 부사의 비교급과 최상급 만드는 법

		원급	비교급	최상급
규칙 변화	대부분의 단어 / + -er/-est	young	young**er**	young**est**
	-e로 끝나는 단어 / + -r/-st	wise	wis**er**	wis**est**
	「단모음 + 단자음」으로 끝나는 단어 / 자음을 한 번 더 쓰고 + -er/-est	hot	hot**ter**	hot**test**
	-y로 끝나는 단어 / y를 i로 고치고 + -er/-est	easy	eas**ier**	eas**iest**
	일부 2음절[1] 또는 3음절 이상인 단어 / more/most + 형용사/부사	famous	**more** famous	**most** famous
		interesting	**more** interesting	**most** interesting
불규칙 변화		good / well	**better**	**best**
		bad	**worse**	**worst**
		many / much	**more**	**most**
		little	**less**	**least**

Check-up 다음 형용사나 부사의 비교급과 최상급을 쓰시오.

1 old – _____ – _____

2 early – _____ – _____

3 expensive – _____ – _____

4 thin – _____ – _____

5 well – _____ – _____

Ⓑ 원급 비교

as+형용사/부사의 원급+as ~: ~만큼 …한[하게]

This house is **as big as** that one.

She plays the violin **as well as** Liz.

Check-up 우리말과 일치하도록 ( ) 안의 단어를 이용하여 문장을 완성하시오.

1 이 수박은 얼음처럼 차다. (cold)

　　→ This watermelon is _____ ice.

2 Greg은 Dan만큼이나 빨리 달린다. (fast)

　　→ Greg runs _____ Dan.

3 내 방은 내 오빠의 것만큼 크지 않다. (big)

　　→ My room is _____ my brother's.

Words

famous 유명한　expensive 비싼　watermelon 수박

Grammar Tips

[1] 주로 -ous, -ful, -ing, -ive 등으로 끝나는 단어가 이에 해당한다.

➕

원급 비교의 부정:
not as+원급+as ~ (~만큼 …하지 않은)
This computer is **not as expensive as** that one.

C 비교급 비교

비교급+than ~: ~보다 더 …한[하게]

Emails are **faster than** letters.
Action movies are **more exciting than** dramas.

More Grammar   비교급 강조

much, even, a lot, far 등을 비교급 앞에 써서 '훨씬'의 의미로 비교급을 강조할 수 있다.
Today is **much** *cooler* than yesterday.

Check-up   ( ) 안의 단어를 이용하여 빈칸에 알맞은 비교급을 쓰시오.

1 An elephant is _____ than a horse. (big)

2 Her hair is _____ than mine. (long)

3 Sylvia is _____ than me. (intelligent)

4 My smartphone is _____ than Tom's. (large)

5 A bowling ball is much _____ than a balloon. (heavy)

D 최상급 비교

Grammar Tips

²⁻³ 최상급 뒤에 in ~이나
of ~ 등을 써서 범위나 비교
대상을 나타낼 수 있다.

1 the+최상급: 가장 ~한[하게]

The Nile River is **the longest** river in²the world.
Winter is **the coldest** of³the four seasons.

2 one of the+최상급+복수명사: 가장 ~한 …중의 하나

This is **one of the oldest buildings** in the city.
Ellen is **one of the smartest students** in our school.

Check-up   우리말과 일치하도록 ( ) 안의 단어를 이용하여 문장을 완성하시오.

1 James는 반에서 가장 인기가 많은 학생이다. (popular, student)
→ James is _____ in class.

2 이것은 그 영화의 가장 재미있는 부분 중 하나이다. (interesting, part)
→ This is _____ of the movie.

3 그는 이 쇼에서 가장 웃긴 코미디언이다. (funny, comedian)
→ He is _____ on this show.

Words

intelligent 똑똑한   bowling 볼링   popular 인기 많은   part 부분   funny 웃기는   comedian 코미디언

[01-04] 빈칸에 알맞은 것을 고르시오.

01

> I lost my sister's camera, so she was
> _____ at me.

① anger   ② angers
③ angry   ④ angrily
⑤ with angry

02

> Friendship is _____ important than
> money.

① as   ② more
③ better   ④ most
⑤ even

⭐ 자주 나와요
03

> Your cat is as _____ as mine.

① cute   ② cuter
③ more cute   ④ cutest
⑤ most cute

04

> Norway is one of the _____ in the world.

① rich country   ② richer country
③ richer countries   ④ richest country
⑤ richest countries

05 다음 문장을 최상급으로 바르게 바꾼 것은?

> It is a beautiful necklace in the shop.

① It is a beautifulest necklace in the shop.
② It is the beautifulest necklace in the shop.
③ It is a most beautiful necklace in the shop.
④ It is the most beautiful necklace in the shop.
⑤ It is most the beautiful necklace in the shop.

[06-08] 빈칸에 알맞지 않은 것을 고르시오.

06

> She talked _____.

① fast   ② loudly
③ happily   ④ friendly
⑤ sadly

07

> He has a very _____ friend.

① good   ② nice
③ well   ④ tall
⑤ smart

⭐ 자주 나와요
08

> This pizza is _____ bigger than Tom's
> pizza.

① much   ② even
③ a lot   ④ far
⑤ very

[09-11] 우리말과 일치하도록 할 때 빈칸에 알맞은 것을 고르시오.

09

> 우리는 그 탁자를 조심스럽게 옮겼다.
> → We moved the table _____.

① care
② careful
③ carely
④ carefuly
⑤ carefully

10

> Amy는 여름 캠프에서 몇 명의 친구를 사귀었다.
> → Amy made _____ friends at summer camp.

① a few
② a little
③ few
④ little
⑤ lots of

11

> 서두르자. 우리 시간이 거의 없어.
> → Let's hurry. We have _____ time.

① much
② little
③ a little
④ a few
⑤ few

💬 **서술형**

12 ( ) 안의 단어를 적절한 위치에 넣어 문장을 다시 쓰시오.

> I read books in bed. (seldom)
> → _____

[13-15] 어법상 어색한 것을 고르시오.

⭐ 자주 나와요

13

① Is there hot milk?
② The movie was not good.
③ We have a big tent.
④ I kept my room clean.
⑤ Do you know famous anyone?

⭐ 자주 나와요

14

① We often go to the movies.
② He is sometimes late for school.
③ I will never give up my dream.
④ They are not always busy.
⑤ Laura wears usually glasses.

⚠ 어려워요

15

① Sadly, Edward moved to another city.
② The teacher spoke slowly.
③ The actor became popularly.
④ He read the news very happily.
⑤ She went to the hospital quickly.

16 어법상 올바른 것은?

① He is as smarter as his brother.
② My computer is as best as yours.
③ Zoe speaks English as well as Bob.
④ This towel is soft than that one.
⑤ That small boat is the slower than a car.

17 heavy가 들어가기에 알맞은 곳은?

He was ① carrying ② something ③ into the ④ office ⑤ this morning.

💬 서술형

18 ( ) 안에 주어진 단어를 바르게 배열하시오.

He is dating (pretty, very, girl, a).
→ _____

💬 서술형

[19-21] 우리말과 일치하도록 ( ) 안의 단어를 이용하여 문장을 완성하시오.

19

Jenny는 보통 빨리 걷는다.
→ Jenny _____. (fast)

20

오늘은 어제보다 더 따뜻하다.
→ Today is _____ yesterday. (warm)

21

그날은 내 생애 가장 행복한 날이었다.
→ It was _____ day of my life. (happy)

22 always의 위치가 바르지 <u>않은</u> 것은?

① My neighbor is always noisy.
② I'm not always happy.
③ My mom doesn't always get up early.
④ My brother will always remember you.
⑤ He complains always about something.

⚠️ 어려워요

23 다음 글의 빈칸에 알맞은 말이 바르게 짝지어진 것은?

Yesterday, Mike went to bed very _____.
He studied _____ for the math test. So,
he got a _____ score on the test.

① late – hardly – high
② late – hard – highly
③ late – hard – high
④ lately – hard – high
⑤ lately – hardly – highly

💬 서술형

24 A : B = C : D의 관계가 되도록 빈칸에 알맞은 말을 쓰시오.

• strong : strongly = heavy : _____
• bad : worse = good : _____
• wiser : wisest = more : _____

⚠️ 어려워요

25 다음 문장과 의미가 같은 것은?

Science is not as difficult as math.

① Math is as difficult as science.
② Math is more difficult than science.
③ Science is more difficult than math.
④ Science is not easier than math.
⑤ Math is easier than science.

A

우리말과 일치하도록 주어진 단어를 바르게 배열하시오.

1 그는 그의 형보다 더 착하다.

(nicer, he, than, is, his brother)

→ _____

2 그 차에 기름이 조금 있다. (gas, the car, little, has, a)

→ _____

3 그 아이들은 길을 안전하게 건넜다.

(the street, crossed, the children, safely)

→ _____

B

우리말과 일치하도록 ( ) 안의 표현을 이용하여 문장을 완성하시오.

1 내 전화기에 뭔가 문제가 있다. (something, wrong)

→ There _____ with my phone.

2 그녀는 시장에서 가장 싼 가방 중 하나를 샀다.

(cheap, bag)

→ She bought _____

at the market.

3 이집트는 여름에 한국보다 훨씬 더 덥다. (a lot, hot)

→ Egypt is _____ Korea in

summer.

⚠ 어려워요

C

다음 글의 밑줄 친 ⓐ~ⓔ 중 어법상 어색한 것 2개를 골라 바르게 고치시오.

> I'm from Seoul. It is one of the busiest ⓐ city in
> the world. But people on this island do things
> ⓑ slowly. They are not as ⓒ busier as people
> in Seoul. ⓓ Few people are in a hurry. This
> island is very ⓔ different from my city.

_____ → _____

_____ → _____

D

다음은 Mina가 여가 시간에 하는 일들을 나타낸 표이다. 표를 보고 ( ) 안의 표현과 always, usually, sometimes를 한 번씩만 이용하여 문장을 완성하시오.

	Mon.	Tue.	Wed.	Thurs.	Fri.
	V		V	V	V
		V	V		
	V	V	V	V	V

1 Mina _____ along the river.

(ride one's bike)

2 Mina _____. (bake cookies)

3 Mina _____ in the park.

(walk one's dog)

E

다음 대화의 밑줄 친 우리말과 일치하도록 ( ) 안의 표현을 이용하여 문장을 완성하시오.

> Kate: Oh, this box is ⓐ 바위만큼 무거워.
>
> Tom: Don't worry. I'll carry it for you.
>
> Kate: Wow. You're a really ⓑ 힘이 센 소년이구나.
>
> Tom: Thanks. ⓒ 나는 가장 힘이 세 in my class.

ⓐ _____ (heavy, a rock)

ⓑ _____ (strong)

ⓒ _____ (strong)

바르게 쓰인 문장에는 **O**, 어색한 문장에는 **X**를 표시한 후,
어색한 부분을 바르게 고치시오.

접어서 풀어보세요.

형용사의 쓰임

1 The music was very loudly.　　　　　(　)

_____ → _____

▶ The music was very loud.
주어를 보충 설명할 때는 부사가 아닌 형용사를 쓴다.

수와 양을 나타내는 형용사

2 Put a few salt in the soup.　　　　　(　)

_____ → _____

▶ Put a little salt in the soup.
셀 수 없는 명사는 (a) little, 셀 수 있는 명사는 (a) few로 수식한다.

부사의 쓰임과 형태

3 Bora plays the piano very good.　　　(　)

_____ → _____

▶ Bora plays the piano very well.
동사를 수식할 때는 부사를 쓴다.

부사의 쓰임과 형태

4 They worked very hardly today.　　　(　)

_____ → _____

▶ They worked very hard today.
'열심히'를 뜻하는 부사는 hardly가 아닌 hard이다.

빈도부사

5 She writes often letters to her friends.　(　)

_____ → _____

▶ She often writes letters to her friends.
빈도부사는 일반동사 앞에 쓴다.

원급 비교

6 He eats as more as his dad.　　　　(　)

_____ → _____

▶ He eats as much as his dad.
원급 비교 as ~ as 사이에는 형용사/부사의 원급을 쓴다.

비교급 비교

7 This week is even cooler than last week.　(　)

_____ → _____

▶ This week is even cooler than last week.
even[much, a lot, far]는 비교급 앞에서 비교급을 강조한다.

최상급 비교

8 It was the most bad news ever.　　　(　)

_____ → _____

▶ It was the worst news ever.
bad의 최상급은 worst이며, 최상급 앞에는 the를 붙인다.

50

Chapter

5

조동사

UNIT 1 can, may

A 조동사의 쓰임과 특징

1 조동사는 동사 앞에 쓰여 동사에 가능, 추측, 의무 등의 의미를 더해준다.

조동사	의미
will	~할 것이다, ~하겠다
can	~할 수 있다, ~해도 된다
may	~일지도 모른다, ~해도 된다
must	~해야 한다, ~임이 틀림없다
should	~해야 한다

I *study* English every day.
I **must** *study* English. The test is tomorrow.

2 조동사의 특징

• 주어의 인칭이나 수에 따라 형태가 변하지 않는다.
She **will** go to the dentist next week.

• 조동사 뒤에는 항상 동사원형을 쓴다.
My dog **can** *sleep* all day.

• 두 개 이상의 조동사를 연달아 쓸 수 없다.
I **will can** cook spaghetti. (x) → I **will**[**can**] cook spaghetti. (o)

• 조동사의 부정문: 조동사+not+동사원형
You **should not** *talk* during class.

• 조동사의 의문문: 조동사+주어+동사원형 ~?
Can your brother *swim* well?

Check-up 밑줄 친 부분을 어법에 맞게 고치시오.

1 Kate may <u>is</u> sick.

2 The movie <u>wills</u> begin at 3 p.m.

3 You must <u>touch not</u> the paintings.

4 Can Lisa <u>going</u> to the zoo with us?

5 They <u>will should</u> eat breakfast.

6 Joe will not <u>visits</u> his grandparents.

7 May <u>speak I</u> to Mr. Jones, please?

Words
go to the dentist 치과에 가다   all day 온종일   during ~동안에   sick 아픈   begin 시작하다   painting 그림

B can

1 '~할 수 있다'라는 뜻으로 능력을 나타낸다. (= be able to)

Sam **can** speak four languages. (→ Sam **is able to** speak four languages.)

I **can't[cannot]**[1] download this game. (→ I'**m not able to** download this game.)

Can you play the drums? (→ **Are** you **able to** play the drums?)

— Yes, I **can**. / No, I **can't**.

2 '~해도 된다'라는 뜻으로 허가를 나타낸다.

You **can** take photos here.

Mark, **can** I borrow some money? — Yes, you **can**. / No, you **can't**.

Check-up 우리말과 일치하도록 ( ) 안의 단어를 이용하여 문장을 완성하시오.

1 그 새는 노래를 부를 수 있다. → The bird _____ a song. (sing)

2 제가 이 상자를 열어도 되나요? → _____ this box? (open)

3 너는 그 파티에 갈 수 없다. → You _____ to the party. (go)

4 그들은 그 호텔에 머물 수 있었다. → They _____ at the hotel. (stay)

Grammar Tips

[1] can의 부정형은 can't 또는 can과 not을 붙여서 cannot으로 쓴다.

+

could의 쓰임
• 과거시점의 능력
(= was/were able to)
Jenny **could[was able to]** win the race.
• 공손한 부탁
Could you sign here, please?

C may

1 '~일지도 모른다'라는 뜻으로 추측을 나타낸다.

She **may** be older than you.   You **may not** be right.

2 '~해도 된다'라는 뜻으로 허가를 나타낸다.[2]

You **may** leave the classroom now.

Excuse me, **may** I use your bathroom? — Yes, you **may**. / No, you **may not**.

[2] 허가를 나타내는 may는 can보다 좀 더 정중한 표현이다.

Check-up 보기의 단어와 may 또는 may not을 이용하여 빈칸에 알맞은 말을 쓰시오.

보기	bring	believe	try	be	enter

1 That man plays the piano beautifully. He _____ a pianist.

2 This café allows pets. You _____ your pets here.

3 You always lie. They _____ you.

4 I like this skirt. _____ I _____ it on?

5 You _____ the park at night. It's too dangerous.

Words

language 언어   download 다운로드하다   take a photo 사진을 찍다   sign 서명하다   bathroom 화장실
allow 허용하다   bring 데려오다   lie 거짓말하다   try on ~을 입어보다   enter 들어가다   dangerous 위험한

🏅 UNIT 2 must, have to, should

Ⓐ must

1 '~해야 한다'라는 뜻으로 의무를 나타낸다.

   We **must** walk faster.   You **must not** bring food in here.

2 '~임이 틀림없다'라는 뜻으로 강한 추측을 나타낸다.[1]

   My brother **must** be home now.   These shoes **must** be expensive.

Check-up   ( ) 안의 단어와 must 또는 must not을 이용하여 빈칸에 알맞은 말을 쓰시오.

1 The bus will leave at exactly 2 o'clock. You _____ late. (be)

2 Your password is too old. You _____ it now. (change)

3 Alex _____ peanuts. He is allergic to them. (eat)

4 Yumi _____ pets. She has two dogs and a cat. (like)

Ⓑ have to

1 '~해야 한다'라는 뜻으로 의무를 나타낸다. (= must)

   Rebecca **has to**[2] finish this project. (→ Rebecca **must** finish this project.)
   You **have to** return this book today. (→ You **must** return this book today.)

2 부정문과 의문문은 일반동사와 마찬가지로 do/does를 이용한다.

   You **don't have to** make a reservation. don't/doesn't have to: ~할 필요가 없다
   Does he **have to** lock the door? — Yes, he **does**. / No, he **doesn't**.

More Grammar   must, have to의 긍정문과 부정문 의미 비교

조동사	긍정문	부정문
must	~해야 한다 You **must** leave now.	~해서는 안 된다 You **must not** leave now.
	~임이 틀림없다 The story **must** be true.	~일 리가 없다 The story **can't[cannot]** be true.
have to	~해야 한다 You **have to** take the class.	~할 필요가 없다 You **don't have to** take the class.

Words
exactly 정확히   password 비밀번호   peanut 땅콩   allergic 알레르기가 있는   return 반납하다
make a reservation 예약하다   lock 잠그다   take a class 수업을 듣다

Grammar Tips

[1] 강한 추측을 나타내는 must의 부정: can't[cannot](~일 리가 없다)
That movie **must** be interesting.
↔ That movie **can't[cannot]** be interesting.

[2] have to는 주어가 3인칭 단수이고 현재시제일 때 has to가 된다.

➕
의무를 나타내는 조동사 must, have to의 과거형: had to
He **had to** work on Sunday.

Check-up 우리말과 일치하도록 ( ) 안의 단어와 **have to**를 이용하여 문장을 완성하시오.

1 그녀는 그녀의 여동생을 걱정할 필요가 없다. (worry)

→ She _____ about her sister.

2 내가 널 기다려야 하니? (wait)

→ _____ for you?

3 우리는 영어로 대답해야 했다. (answer)

→ We _____ in English.

4 그들은 그들의 부모님을 도와드려야 한다. (help)

→ They _____ their parents.

5 나는 그녀에게 사과할 필요가 없다. (apologize)

→ I _____ to her.

C should

'~해야 한다'라는 뜻으로 의무나 충고를 나타낸다.

You **should**[3] drink a lot of water.

You **shouldn't[should not]** use your cell phone in the classroom.

Should I finish this homework today? — Yes, you **should**. / No, you **shouldn't**.

Grammar Tips

[3] should는 must보다 강제성이 약한 의무나 '~하는 게 좋다'는 충고를 나타낸다.

Check-up 보기의 단어와 **should** 또는 **shouldn't**를 이용하여 빈칸에 알맞은 말을 쓰시오.

보기	climb	talk	study	eat	take	go

1 You look tired these days. You _____ to bed early.

2 It will rain soon. You _____ the mountain.

3 You eat too much fast food. You _____ more vegetables.

4 People _____ loudly in public places.

5 I _____ hard tonight. My English test is tomorrow.

6 There are a lot of cars on the road. _____ we _____ the subway?

Words

worry 걱정하다   wait for ~을 기다리다   apologize 사과하다   cell phone 휴대 전화   tired 피곤한
these days 요즘   climb a mountain 등산하다   vegetable 채소   public place 공공장소

[01-03] 빈칸에 알맞은 것을 고르시오.

01

> A: _____ I borrow your camera?
> B: Sure. Here it is.

① Must　　　　② Can
③ Will　　　　④ Should
⑤ Do

02

> You must _____ quiet in the library.

① is　　　　② are
③ be　　　　④ not
⑤ to

⚠ 어려워요
03

> Julie is drinking a lot of water. She _____ be very thirsty.

① should　　　　② must
③ shouldn't　　　④ can't
⑤ must not

04 빈칸에 알맞지 않은 것은?

> He _____ not go out at night.

① will　　　　② should
③ may　　　　④ must
⑤ was able to

💬 서술형
[05-07] 우리말과 일치하도록 보기의 표현을 이용하여 문장을 완성하시오.

> 보기　　should　　　be able to　　　may

05

> 우리는 올해 새 차를 살지도 모른다.
> → We _____ buy a new car this year.

06

> 밤에 너무 많이 먹으면 안 된다.
> → You _____ eat too much at night.

07

> 치타는 시속 100km 이상으로 달릴 수 있다.
> → Cheetahs _____ run over 100 km/h.

08 밑줄 친 부분이 어법상 어색한 것은?
① He may be not in the cafeteria.
② I can't go skating now.
③ You shouldn't turn off the light.
④ She must not eat sweets.
⑤ We couldn't find our bags.

[09-10] 어법상 어색한 것을 고르시오.

09
① The twins will go to school next year.
② She may know Tom's phone number.
③ We should call the police right now.
④ He must comes back by 9 o'clock.
⑤ My teacher can speak Chinese.

10

① I'm not able to use the Internet now.

② Was he able to see the doctor?

③ Are you be able to fix the computer?

④ Laura will be able to come early.

⑤ They were not able to talk to the manager.

11 우리말과 일치하도록 할 때 빈칸에 알맞은 것은?

> 그가 거짓말을 하고 있을 리 없어.
> → He _____ be lying.

① must not   ② may not

③ shouldn't   ④ can't

⑤ won't

[12-13] 다음 문장을 의문문으로 바르게 바꾼 것은?

12

> Rachel should go to the doctor.

① Do Rachel should go to the doctor?

② Does Rachel should go to the doctor?

③ Is Rachel should go to the doctor?

④ Should Rachel go to the doctor?

⑤ Should Rachel goes to the doctor?

13

> He has to take an early train.

① Has he to take an early train?

② Has he take an early train?

③ Does he has to take an early train?

④ Does he have to take an early train?

⑤ Is he have to take an early train?

⭐ 자주 나와요

14 짝지어진 대화가 어색한 것은?

① A : Do they have to pay now?

  B : No, they don't.

② A : May I go to the movies?

  B : Yes, you are.

③ A : Should we cancel the game?

  B : Yes, we should.

④ A : Does she have to read this book?

  B : Yes, she does.

⑤ A : Can you help your mom tomorrow?

  B : Yes, I can.

15 빈칸에 공통으로 알맞은 것은?

> • I lost my phone. Alex, _____ I use yours?
> • He _____ not come to the party yesterday.

① can   ② must

③ could   ④ should

⑤ had to

💬 서술형

[16-17] 두 문장이 같은 뜻이 되도록 ( ) 안의 표현을 이용하여 바꿔 쓰시오.

16

> Kevin must take after-school classes. (have to)
> → _____

⭐ 자주 나와요

17

> They couldn't catch the thief. (be able to)
> → _____

[18-19] 우리말을 영어로 바르게 옮긴 것을 고르시오.

18

아이들은 여기에 들어오면 안 된다.

① Kids must enter here.
② Kids must not enter here.
③ Kids not must enter here.
④ Kids will not enter here.
⑤ Kids should be enter here.

⭐ 자주 나와요
19

그녀는 회의에 참석하지 않아도 된다.

① She must not attend the meeting.
② She don't must attend the meeting.
③ She doesn't have attend the meeting.
④ She doesn't have to attend the meeting.
⑤ She doesn't must attend the meeting.

💬 서술형
[20-22] 우리말과 일치하도록 ( ) 안의 표현을 이용하여 문장을 완성하시오.

20

그 영화는 정말 흥미진진했어. 너는 그것을 봐야 해.
→ The movie was really exciting. You
_____. (should, see)

21

그가 내 전화를 안 받아. 그는 분명 바쁜가 봐.
→ He doesn't answer my phone calls. He
_____. (must, busy)

22

저녁 요리를 하지 않아도 돼. 우리는 외식할 거야.
→ You _____ dinner. We'll eat out. (have to, cook)

⭐ 자주 나와요 ⚠ 어려워요
[23-25] 밑줄 친 부분의 의미가 <u>다른</u> 하나를 고르시오.

23

① Jane <u>must</u> get up early tomorrow.
② You <u>must</u> fasten your seatbelt.
③ You <u>must</u> not forget our appointment.
④ We <u>must</u> check out before 12 p.m.
⑤ That boy <u>must</u> be your younger brother.

24

① I <u>can</u> make a tuna sandwich.
② You <u>can</u> play the game for an hour.
③ Jessie <u>can</u> play the guitar well.
④ <u>Can</u> your mom drive a car?
⑤ <u>Can</u> you write in English?

25

① You <u>may</u> call me Susan.
② <u>May</u> I borrow your bicycle?
③ You <u>may</u> not talk during the test.
④ My computer <u>may</u> be broken.
⑤ You <u>may</u> watch TV after dinner.

A

우리말과 일치하도록 주어진 단어를 바르게 배열하시오.

1 그의 이야기는 거짓말일지도 모른다.

(story, a lie, may, his, be)

→ _____

2 나는 폭우 속에서 걸어야 했다.

(had to, in, I, walk, the heavy rain)

→ _____

3 우리는 Jessica를 어디서도 찾을 수 없었다.

(find, anywhere, we, Jessica, couldn't)

→ _____

B

우리말과 일치하도록 ( ) 안의 표현을 이용하여 문장을 완성하시오.

1 너는 그 책을 서점에서 살 거니? (will, buy)

→ _____ in the bookstore?

2 아이들은 이 영화를 보면 안 된다. (must, watch)

→ Children _____.

3 Emma는 자신의 신발끈을 묶을 수 있다.

(be able to, tie)

→ _____ her own shoes.

C

빈칸에 알맞은 말을 보기에서 각각 골라 쓰시오.
(한 번씩만 사용)

보기 won't should can	watch study talk

1 You got a bad grade on the exam. You

_____ _____ harder.

2 Finish your homework first. Then you _____

_____ TV.

3 John is angry with me. He _____

_____ to me.

⚠ 어려워요

D

그림을 보고 보기에서 알맞은 표현을 골라 의사의 조언을 완성하시오.

보기	must not	can	should

Doctor's Advice

To lose weight, you _____ eat healthy food. You _____ eat fatty snacks like chocolate or cookies. But you may eat nuts. Nuts _____ be helpful in losing weight.

E

다음 글의 밑줄 친 우리말과 일치하도록 주어진 글 속의 표현과 should를 이용하여 문장을 완성하시오.

I take the subway to school. I see a lot of rude people there. Some people talk loudly. They ⓐ 큰 소리로 말하지 말아야 한다. Others do not give their seats to elderly people. They ⓑ 그들의 자리를 나이 드신 분들께 양보해야 한다.

ⓐ _____

ⓑ _____

바르게 쓰인 문장에는 **O**, 어색한 문장에는 **X**를 표시한 후, 어색한 부분을 바르게 고치시오.

접어서 풀어보세요.

조동사의 쓰임과 특징

1 James can plays the violin. ( )

_____ → _____

▶ James **can play** the violin.
조동사 뒤에는 동사원형을 쓴다.

조동사의 쓰임과 특징

2 You will can find the answer someday. ( )

_____ → _____

▶ You **will be able to[will, can]** find the answer someday.
두 개 이상의 조동사를 연달아 쓸 수 없다.

be able to

3 I didn't able to get a good seat. ( )

_____ → _____

▶ I **wasn't able to** get a good seat.
be able to의 과거시제 부정은 주어에 따라 wasn't/weren't able to로 쓴다.

may

4 May I ask you a few questions? ( )

_____ → _____

▶ **May I** ask you a few questions?
May I ~?는 허가를 구하는 표현이다.

must

5 We must went to bed early last night. ( )

_____ → _____

▶ We **had to go** to bed early last night.
의무를 나타내는 must는 과거형이 없으므로 had to를 이용한다. 조동사 뒤에는 동사원형을 쓴다.

have to

6 She have to take care of her sister. ( )

_____ → _____

▶ She **has to** take care of her sister.
have to는 주어가 3인칭 단수일 때 has to로 쓴다.

have to

7 They don't have to wear a suit. ( )

_____ → _____

▶ They **don't have to** wear a suit.
have to의 부정 don't have to는 '~할 필요가 없다'는 의미이다.

should

8 You don't should run here. ( )

_____ → _____

▶ You **should not[shouldn't]** run here.
should의 부정은 should not[shouldn't]이다.

Chapter

6

to부정사와 동명사

🏅 UNIT 1 to부정사

to부정사는 「to+동사원형」의 형태로 문장에서 명사, 형용사, 부사의 역할을 한다.

Ⓐ to부정사의 명사적 용법

to부정사가 명사처럼 주어, 목적어, 보어의 역할을 하는 것으로, 보통 '~하기, ~하는 것'으로 해석한다.

1 주어 역할: ~하는 것은[이]

It is fun **to watch** a baseball game.[1] It은 가주어, to watch 이하는 진주어

(← **To watch** a baseball game is fun.)

It is important *not* **to be** late for school.[2]

(← *Not* **to be** late for school is important.)

2 목적어 역할: ~하는 것을

I plan **to study** at a coffee shop tonight.

We like **to go** swimming in the summer.

3 보어 역할: ~하는 것(이다)

His job is **to fix** cars.

My plan today is **to finish** my homework.

Check-up 밑줄 친 to부정사가 주어, 목적어, 보어 중 어떤 역할을 하는지 쓰시오.

1 It is not easy to keep a diary every day.

2 Ryan's goal is to go to college.

3 Do you want to eat some pizza?

4 I hate to wait for a long time.

5 It is fun to see a movie with friends.

6 My dream is to become an astronaut.

Grammar Tips

[1] to부정사를 문장 맨 앞에 쓰기보다는 그 자리에 가주어 It을 쓰고 to부정사를 뒤로 보내는 것이 더 일반적이다.

[2] to부정사의 부정: not/never to-v

Words

important 중요한   plan 계획   keep a diary 일기를 쓰다   goal 목표   college 대학   astronaut 우주 비행사

B to부정사의 형용사적 용법

to부정사가 형용사처럼 명사나 대명사를 뒤에서 수식하며, 보통 '~할, ~하는'으로 해석한다.

Jim has a book **to read**.

I need somebody **to help** me.

Can we have something hot **to eat**?³

Check-up ( ) 안에 주어진 단어를 바르게 배열하시오.

1 It's _____. (dinner, to, time, eat)

2 The boys have _____. (to, a, game, play, new)

3 We needed _____.

   (light, the, someone, change, to, tall)

Grammar Tips

³ -thing, -one, -body로
끝나는 대명사를 형용사와
to부정사가 같이 수식할 경우
「-thing/-one/-body+
형용사+to-v」의 어순으로
쓴다.

⁴ to 대신 in order to를 써서
목적의 의미를 더 분명히
나타낼 수 있다.

C to부정사의 부사적 용법

to부정사가 부사처럼 동사, 형용사, 부사 등을 수식하며, 목적, 감정의 원인, 결과 등의 의미를
나타낸다.

1 목적: ~하기 위해서

   I studied hard **to get** better grades.

   He turned on the TV **to watch** a documentary.

   (→ in order to watch)⁴

2 감정의 원인: ~해서, ~하니

   We were happy **to win** the game.

   The child was glad **to receive** the presents.

3 결과: (~해서) …하다

   Naomi grew up **to be** a famous model.

   My grandmother lived **to be** over 100.

Check-up 밑줄 친 부분에 유의하여 문장을 해석하시오.

1 They grew up to be great scientists.

2 We were sad to hear the news.

3 Our teacher asks questions to test us.

Words

need 필요로 하다 light 전등 turn on ~을 켜다 documentary 다큐멘터리 over ~이 넘는 scientist 과학자
test 시험하다

UNIT 2 동명사

A 동명사의 쓰임

동명사는 v-ing의 형태로 문장에서 명사처럼 주어, 목적어, 보어 역할을 하며, 보통 '~하기, ~하는 것'으로 해석한다.

1 주어 역할: ~하는 것은[이]

   Waking up early is difficult.
   Reading books is important.

2 목적어 역할: ~하는 것을

   Peter likes **eating** at that restaurant.
   I regret *not* **studying** hard last year.[1]

3 보어 역할: ~하는 것(이다)

   One of his bad habits is **shaking** his legs.
   Her favorite activity is **playing** soccer.

Check-up 우리말과 일치하도록 ( ) 안의 표현과 동명사를 이용하여 문장을 완성하시오.

1 담배를 피우는 것은 당신의 건강에 해롭다. (smoke cigarettes)
   → _____ is harmful to your health.

2 함께 영화보러 가는 게 어때? (go to a movie)
   → How about _____ together?

3 Mary는 복권에 당첨되는 것을 상상했다. (imagine, win)
   → Mary _____ the lottery.

4 그의 취미 중 하나는 만화 캐릭터들을 그리는 것이다. (be, draw)
   → One of his hobbies _____ cartoon characters.

B 자주 쓰이는 동명사 표현

go v-ing: ~하러 가다	feel like v-ing: ~하고 싶다
be worth v-ing: ~할 가치가 있다	be busy v-ing: ~하느라 바쁘다
can't help v-ing: ~하지 않을 수 없다	

I **went shopping** at the department store.
She **was busy preparing** for the midterm exam.

Words
regret 후회하다   shake 흔들다   be good at ~을 잘하다   cigarette 담배   harmful 해로운   imagine 상상하다
win the lottery 복권에 당첨되다   cartoon 만화   character 등장인물   midterm (한 학기) 중간의

Grammar Tips

[1] 동명사의 부정:
not/never v-ing

전치사의 목적어 역할
- Minji is good *at* **speaking** English.
- Thank you *for* **inviting** us.

1 This smartphone is expensive, but it <u>is worth buying</u>.

2 I <u>feel like going skiing</u> this winter.

3 Jack <u>couldn't help laughing</u> at the joke.

C 동명사와 to부정사

1 동명사만을 목적어로 취하는 동사: mind, enjoy, finish, quit, keep, avoid, give up 등

Laura didn't *mind* **turning** off the fan.

2 to부정사만을 목적어로 취하는 동사: hope, want, wish, decide, plan, promise 등

He is *planning* **to study** in America.

3 동명사와 to부정사를 모두 목적어로 취하는 동사

• 의미 차이가 없는 경우: begin, start, like, hate 등

She *began* **learning** the flute.   She *began* **to learn** the flute.

• 의미 차이가 있는 경우: remember, forget 등

① remember v-ing: (과거에) ~했던 것을 기억하다 / remember to-v: (미래에) ~할 것을 기억하다

I *remember* **meeting** Julie a few years ago.

Remember **to meet** Julie in front of City Hall.

② forget v-ing: (과거에) ~했던 것을 잊다 / forget to-v: (미래에) ~할 것을 잊다

Joe *forgot* **borrowing** the book last week.

You should not *forget* **to return** the book tomorrow.

Check-up   우리말과 일치하도록 ( ) 안의 단어를 이용하여 문장을 완성하시오.

1 너는 에세이 쓰는 것을 끝마쳤니? (write)

→ Did you finish _____ your essay?

2 Kelly는 이번 금요일에 그녀의 조부모님을 방문하기로 결정했다. (visit)

→ Kelly decided _____ her grandparents this Friday.

3 나는 어젯밤에 Kate에게 전화할 것을 깜박 잊었다. (call)

→ I forgot _____ Kate last night.

4 Donna는 소풍에서 나와 함께 수박을 먹었던 것을 기억했다. (eat)

→ Donna remembered _____ watermelon with me at the picnic.

Words

joke 농담   mind 꺼리다, 언짢아하다   quit 그만두다   avoid 피하다   turn off ~을 끄다   fan 선풍기
decide 결정하다   promise 약속하다   City Hall 시청   essay 에세이

[01-04] 빈칸에 알맞은 것을 고르시오.

01

I bought a dress _____ to the party.

① wear ② wears
③ to wear ④ wearing
⑤ to wearing

⭐ 자주 나와요
02

Did you finish _____ your room?

① clean ② to clean
③ cleaning ④ of cleaning
⑤ to cleaning

03

_____ is difficult to get a perfect score on the math test.

① He ② This
③ That ④ What
⑤ It

04

What about _____ a walk after dinner?

① take ② takes
③ to take ④ taking
⑤ to taking

[05-06] 밑줄 친 부분을 바르게 고친 것을 고르시오.

05

My mom was busy make dinner.

① made ② in make
③ being make ④ making
⑤ for make

06

I remember see her at the beach last summer.

① saw ② seeing
③ to see ④ to seeing
⑤ being seen

⭐ 자주 나와요
[07-08] 빈칸에 알맞지 않은 것을 고르시오.

07

I _____ to live in the countryside.

① planned ② wished
③ hoped ④ wanted
⑤ enjoyed

08

He didn't _____ waiting for us.

① mind ② promise
③ like ④ keep
⑤ give up

💬 서술형
09 ( ) 안의 표현을 이용하여 빈칸에 알맞은 말을 쓰시오.

We should always save energy. Don't forget _____ the computer. (turn off)

10

① Bob called me <u>to say</u> hello.

② This festival is worth <u>visiting</u>.

③ I went <u>swimming</u> with my friends.

④ I have some good news <u>telling</u> you.

⑤ They began <u>to make</u> a lot of money.

11

① We quit <u>watching</u> the magic show.

② I hate <u>getting</u> up early on weekends.

③ You should avoid <u>talking</u> too much.

④ Do you mind <u>to open</u> the window?

⑤ The baby keeps <u>crying</u> loudly.

🗨 서술형

[12-14] 우리말과 일치하도록 ( ) 안의 단어를 이용하여 문장을 완성하시오.

12

그녀는 아름다워. 나는 그녀를 보지 않을 수가 없어.

→ She is beautiful. I _____ at her.
   (help, look)

13

사람들은 햇빛을 피하기 위해 선글라스를 쓴다.

→ People wear sunglasses _____
   sunlight. (avoid)

14

나는 그들에게 내 얘기를 하지 않기로 결정했다.

→ I _____ tell them my story.
   (decide)

15 빈칸에 공통으로 알맞은 것은?

• Their job is _____ sick people.

• I came home early _____ my brother
  with his homework.

① help   ② helping

③ to help   ④ for help

⑤ to helping

[16-17] 우리말을 영어로 바르게 옮긴 것을 고르시오.

16

새 친구를 사귀는 것은 어렵다.

① It is difficult make new friends.

② Make new friends is difficult.

③ Making new friends is difficult.

④ To make new friends is to difficult.

⑤ Making new friends is to difficult.

17

나는 그 일을 할 똑똑한 누군가를 찾고 있다.

① I'm looking for smart someone to do the work.

② I'm looking for smart to do someone the work.

③ I'm looking for someone to do smart the work.

④ I'm looking for someone smart to do the work.

⑤ I'm looking for someone smart the work to do.

18 어법상 올바른 것은?

① Read a history book is interesting.

② It is not easy to making *bulgogi*.

③ I felt sorry leave early.

④ My hope is to travel around Europe.

⑤ I apologized for don't telling the truth.

💬 서술형

19 두 문장이 같은 뜻이 되도록 빈칸에 알맞은 말을 쓰시오.

I exercise to relieve my stress.

→ I exercise _____ _____ _____
  relieve my stress.

---

20 빈칸에 알맞은 말이 바르게 짝지어진 것은?

• He grew up _____ a police officer.

• She doesn't feel like _____ lunch today.

① be – having

② be – to have

③ to be – to have

④ to be – having

⑤ to being – to have

⭐ 자주 나와요

[21-22] 밑줄 친 부분의 쓰임이 다른 하나를 고르시오.

21

① My brother wants to go with us.

② She plans to study abroad next year.

③ He went to Hollywood to become an actor.

④ I started to do yoga every day.

⑤ My parents decided to move to another city.

22

① He bought a book to read on the train.

② I have a question to ask you.

③ Do you have anything to drink?

④ My plan was to visit my friend in Daegu.

⑤ We have some problems to solve.

⚠ 어려워요

23 보기의 밑줄 친 부분과 쓰임이 다른 것은?

> 보기   He was excited to go on the trip.

① I was happy to see her again.

② It was fun to play with the kids.

③ I am afraid to go to the dentist.

④ She was shocked to hear the news.

⑤ They were sad to lose the game.

💬 서술형 ⚠ 어려워요

24 다음 문장을 동명사를 이용하여 바꿔 쓰시오.

It is important to be on time.

→ _____

💬 서술형

25 다음 문장을 to부정사를 이용하여 바꿔 쓰시오.

Sleeping outdoors is great.

→ _____

A

우리말과 일치하도록 주어진 단어를 바르게 배열하시오.

1 그녀는 거짓말을 하지 않기로 약속했다.
(tell, promised, to, she, a lie, not)
→ _____

2 다른 사람들의 말을 듣는 것은 중요하다.
(others, important, listening to, is)
→ _____

3 나는 마실 시원한 것이 필요해.
(cold, I, to, something, drink, need)
→ _____

B

우리말과 일치하도록 ( ) 안의 표현을 이용하여 문장을 완성하시오.

1 나는 그녀가 안됐다고 느끼지 않을 수 없었다.
(help, feel)
→ _____ sorry for her.

2 Nancy는 자라서 사진작가가 되었다.
(grow up, become)
→ _____ a photographer.

3 그는 양치질을 했던 것을 잊어버려서 다시 닦았다.
(forget, brush one's teeth)
→ _____, so he brushed
them again.

C

다음 글의 밑줄 친 ⓐ~ⓒ 중 어법상 어색한 것을 골라 바르게
고치시오.

I ⓐ felt like watching a movie yesterday. So I
went to the theater with my brother. We
ⓑ decided seeing a scary movie. It was very
fun. It ⓒ was worth watching.

_____ → _____

D

다음은 Andy가 방학 동안에 한 일을 나타낸 그림이다.
그림을 보고 ( ) 안의 표현과 to부정사 또는 동명사를
이용하여 문장을 완성하시오.

1  2

3  4

1 I started _____.
(take care of dogs)
2 I enjoyed _____. (draw cartoons)
3 I went to the playground _____.
(play soccer)
4 It was interesting _____.
(visit the science museum)

E

다음 글의 밑줄 친 ⓐ~ⓒ를 바르게 고치시오.

Dad : Aren't you sleeping? It's time ⓐ going to
bed.
Tom : I can't sleep, Dad. I had a fight with my
best friend, Sujin. I really regret it.
Dad : Do you want ⓑ apologize to her?
Tom : Yes, I do. I will apologize to her tomorrow.
Dad : I'm glad ⓒ hear that.

ⓐ → _____   ⓑ → _____

ⓒ → _____

바르게 쓰인 문장에는 **O**, 어색한 문장에는 **X**를 표시한 후,
어색한 부분을 바르게 고치시오.

접어서 풀어보세요.

to부정사의 명사적 용법

1 It is impossible get there in time.　　( )

_____ → _____

▸ It is impossible to get there in time.
주어로 쓰인 to부정사는 보통 It ~ to-v의 형태로 쓴다.

to부정사의 부정

2 I promised not to be late again.　　( )

_____ → _____

▸ I promised not to be late again.
to부정사의 부정은 not to-v로 쓴다.

to부정사의 형용사적 용법

3 Do you have anything saying to me?　　( )

_____ → _____

▸ Do you have anything to say to me?
to부정사는 명사나 대명사를 뒤에서 수식할 수 있다.

to부정사의 부사적 용법

4 She rented a car to get around the city.　　( )

_____ → _____

▸ She rented a car to get around the city.
목적을 나타내는 to부정사는 '~하기 위해서'라는 의미이다.

동명사의 쓰임

5 Learn a foreign language is difficult.　　( )

_____ → _____

▸ Learning a foreign language is difficult.
동명사는 v-ing의 형태로, 문장에서 주어, 목적어, 보어 역할을 한다.

자주 쓰이는 동명사 표현

6 Would you like to go hike tomorrow?　　( )

_____ → _____

▸ Would you like to go hiking tomorrow?
go v-ing는 '~하러 가다'의 뜻이다.

동명사와 to부정사

7 I didn't finish to write the report.　　( )

_____ → _____

▸ I didn't finish writing the report.
finish는 동명사를 목적어로 취한다.

동명사와 to부정사

8 I hope meeting the singer.　　( )

_____ → _____

▸ I hope to meet the singer.
hope은 to부정사를 목적어로 취한다.

Chapter

7

문장의 형식 및 종류

🏅 UNIT 1 문장의 형식

ⓐ 주어+동사

주어와 동사만으로 의미가 성립하는 문장 형태이다.

She **smiles**.   My father **slept** in the bed.[1]

Check-up   ( ) 안에 주어진 단어를 바르게 배열하고, 문장의 동사에 동그라미 하시오.

1 (rises, in the east, the sun) → _____

2 (hard, the boy, studies) → _____

3 (very fast, runs, Emily) → _____

ⓑ 주어+동사+주격보어

동사만으로는 주어를 충분히 설명할 수가 없어서, 주어를 보충 설명하는 주격보어를 필요로 하는 문장 형태이다.

Jeremy **is** *a nice person*.   The girl **looks** *happy*.

> *More Grammar*   감각동사와 형용사
>
> 감각동사란 look, feel, smell, sound, taste[2] 등과 같이 감각을 나타내는 동사로, 감각동사 뒤에는 보어로 형용사가 온다.
>
> That **sounds** *exciting*.   The cheese **tastes** *bad*.[3]

Check-up   문장의 보어에 동그라미 하고, 문장을 해석하시오.

1 The cat feels soft.

2 My brother travels a lot. He is a travel writer.

3 You look sad this morning.

ⓒ 주어+동사+목적어

동사의 동작이 미치는 대상인 목적어(~을)를 필요로 하는 문장 형태이다.

James **read** *an interesting book*.   They **like** *computer games*.

Check-up   ( ) 안에 주어진 단어를 바르게 배열하고, 문장의 목적어에 동그라미 하시오.

1 (friends, met, he, his) → _____

2 (watched, movie, she, scary, a) → _____

3 (a, read, newspaper, I) → _____ every day.

Words
rise (해·달이) 뜨다   east 동쪽   travel writer 여행 작가   scary 무서운   newspaper 신문

Grammar Tips

[1] in the bed는 수식어구로, 문장의 의미를 풍부하게 해준다.

[2] look: ~해 보이다
feel: ~하게 느끼다
smell: ~한 냄새가 나다
sound: ~하게 들리다
taste: ~한 맛이 나다

[3] 부사는 보어로 올 수 없다.
→ The cheese tastes **badly**. (x)

D 주어+동사+간접목적어(~에게)+직접목적어(~을)

목적어 두 개를 필요로 하는 문장 형태로, 수여동사(give, send, teach, show, make, buy 등)가 쓰인 문장이다.

Anna **sent** *me an email*. me: 간접목적어, an email: 직접목적어

I **bought** *him new clothes*.

> ### More Grammar 간접목적어와 직접목적어의 어순 전환
>
> 간접목적어와 직접목적어의 위치를 바꿔 쓸 수 있는데, 이때 간접목적어 앞에 전치사(to, for, of)를 쓴다.
> - 전치사 to를 쓰는 동사: give, send, teach, show, tell, bring 등
>   I **gave** *her some candy*. (간접목적어+직접목적어)
>   → I **gave** *some candy* **to** her. (목적어+수식어구)
> - 전치사 for를 쓰는 동사: make, buy 등
>   John **made** *me a sweater*. → John **made** *a sweater* **for** me.
> - 전치사 of를 쓰는 동사: ask
>   They **asked** *me a favor*. → They **asked** *a favor* **of** me.

Check-up 두 문장이 같은 뜻이 되도록 빈칸에 알맞은 말을 쓰시오.

1 She bought me a pair of jeans. → She bought a pair of jeans _____.

2 Ella told us funny stories. → Ella told funny stories _____.

3 He brought me a big package. → He brought a big package _____.

E 주어+동사+목적어+목적격보어

목적어만으로는 문장의 뜻이 불완전하여 목적어를 보충 설명하는 목적격보어를 필요로 하는 문장 형태이다.[4] 목적격보어로는 명사(구), 형용사(구), to부정사(구) 등이 쓰인다.

We **call** our dog *Toby*.

The song **makes** me *sad*.

I **want** you *to stay here*.

Check-up 우리말과 일치하도록 ( ) 안의 표현을 이용하여 문장을 완성하시오.

1 그 팀의 승리는 그들을 행복하게 만들었다. (make, happy)
  → The team's victory _____ _____ _____.

2 그 선생님은 우리에게 책을 펴라고 말씀하셨다. (tell, open)
  → The teacher _____ _____ to _____ the book.

3 그들은 그를 거짓말쟁이라고 불렀다. (call, a liar)
  → They _____ _____ _____ _____.

Grammar Tips

[4] 목적어와 목적격보어는 주어와 서술어의 관계이다. He *found* **the musical interesting**. (→ **The musical** is **interesting**.)

- 목적격보어로 명사(구)를 필요로 하는 동사: call, name, make ...
- 목적격보어로 형용사(구)를 필요로 하는 동사: find, keep, believe, make ...
- 목적격보어로 to부정사(구)를 필요로 하는 동사: want, ask, tell ...

Words
clothes 옷   favor 부탁   package 소포   victory 승리   liar 거짓말쟁이

UNIT 2 문장의 종류

Ⓐ 의문사가 있는 의문문

의문사는 '누구(who)[1], 무엇(what)/어느 것(which)[2], 언제(when), 어디서(where), 어떻게(how)[3], 왜(why)' 등을 물어볼 때 쓰며, 의문사가 있는 의문문은 「의문사+be동사/조동사+주어 ~?」의 어순으로 쓴다. 의문사로 시작하는 의문문에는 Yes/No로 답하지 않는다.

Who is your favorite singer?   **What** do you do in the evening?

Which do you like better, cats or dogs?   **When** will you go to Europe?

Where did you buy this jacket?   **How** did he find the answer?

Why were you late last night?

Check-up   보기에서 알맞은 단어를 골라 빈칸에 쓰시오.

보기	when	where	what	how	why

1 _____ is the weather? — It's rainy.

2 _____ did she take a taxi? — Because she missed the school bus.

3 _____ did you go on your trip? — I went to Jeju Island.

Ⓑ 그 밖의 의문문

1 선택의문문: or를 써서 한 쪽을 선택할 것을 요구하는 의문문으로, 제시된 것 중 하나를 선택해서 대답한다.

Do you want to *climb a mountain* **or** *go to the sea*? — **I want to go to the sea**.
Which do you prefer, *rock music* **or** *classical music*? — **I prefer rock music**.

2 부가의문문: 말한 내용을 확인하거나 동의를 구할 때 덧붙이는 의문문으로, '그렇지?'라는 의미이다. 대답하는 내용이 긍정이면 Yes, 부정이면 No로 대답한다.

They aren't actors, **are they**? — **Yes, they are**. / **No, they aren't**.
You watched the sitcom, **didn't you**? — **Yes, I did**. / **No, I didn't**.

More Grammar   부가의문문 만드는 법

- 긍정문 뒤에는 부정의 부가의문문, 부정문 뒤에는 긍정의 부가의문문을 쓴다.
- 부가의문문의 시제는 앞의 평서문과 같은 시제를 쓴다.

주어	평서문의 주어 → 대명사	*Julie* doesn't like spicy food, **does she**?
	be동사 → be동사	He *was* our science teacher, **wasn't he**?
동사	조동사 → 조동사	We *can* go to Disney Land, **can't we**?
	일반동사 → do/does/did	You *want* hot chocolate, **don't you**?

Words
because ~때문에   go on a trip 여행을 가다   prefer 선호하다   classical music 클래식 음악   sitcom 시트콤

Grammar Tips

[1] • who(m): 누구를
Who(m) did you meet?
• whose+명사: 누구의 ~
Whose *phone* is that?

[2] • what은 정해지지 않은 대상 중에서, which는 정해진 대상 중에서의 선택을 물을 때 쓴다.
• what/which+명사: 무슨/어떤 ~
- **What** *time* is it now?
- **Which** *bag* is yours?

[3] how+형용사/부사: 얼마나 ~한/하게
- **How old** is he?
- **How many** books do you have?
- **How often** do you exercise?

3 부정의문문: be동사 또는 조동사의 부정형으로 시작하는 의문문으로, '~하지 않니?'라는 의미이다. 대답하는 내용이 긍정이면 Yes, 부정이면 No로 대답한다.

Aren't they your friends? — **Yes, they are. / No, they aren't.**
Won't you change your mind? — **Yes, I will. / No, I won't.**
Didn't she have lunch? — **Yes, she did. / No, she didn't.**

Check-up　　우리말과 일치하도록 문장을 완성하시오.

1 Sam이 저녁을 만들고 있지, 그렇지 않니? → Sam is cooking dinner, _____?

2 Minho는 체육관에 가지 않았니? → _____ go to the gym?

3 너는 주스와 차 중에서 어느 것을 원하니? → _____ do you want, _____?

C 명령문

명령문은 상대방에게 명령, 권유, 부탁 등을 하는 문장으로, 주어 없이 동사원형으로 시작한다.

1 동사원형 ~(~해라): **Open** the window, please.[4]

2 Don't+동사원형 ~(~하지 마라): **Don't make** a sound.

3 Let's+동사원형 ~(~하자): **Let's take** a break.
Let's not+동사원형 ~(~하지 말자): **Let's not go** to that restaurant again.

Check-up　　밑줄 친 부분을 어법에 맞게 고치시오.

1 Don't <u>fights</u> with your brother.

2 Let's <u>going</u> shopping together.

3 <u>Don't let's</u> talk about her faults.

D 감탄문

감탄문은 기쁨, 슬픔, 놀라움 등을 표현하는 문장으로, '참 ~하구나!'라는 의미이다.

1 What+a(n)[5]+형용사+명사+(주어+동사)!: **What a beautiful princess** (she is)!

2 How+형용사/부사+(주어+동사)!: **How big** (the bear is)!

Check-up　　다음 문장을 감탄문으로 바꿔 쓰시오.

1 It was a very exciting concert. → _____ it was!

2 Time goes very fast. → _____!

Grammar Tips

[4] 명령문의 앞, 뒤에 please를 붙이면 공손한 표현이 된다.

➕
· 명령문, and ...(~해라, 그러면 …할 것이다)
Study hard, **and** you'll succeed.
· 명령문, or ...(~해라, 그렇지 않으면 …할 것이다)
Study hard, **or** you won't pass the exam.

[5] 뒤에 오는 명사가 복수이거나 셀 수 없는 명사일 경우, a(n)을 쓰지 않는다.
What nice *hats* she has!

Words
gym 체육관　make a sound 소리를 내다　take a break 잠시 쉬다　succeed 성공하다　pass 통과하다
fight 싸우다　go shopping 쇼핑을 하러 가다　fault 잘못　princess 공주

[01-04] 빈칸에 알맞은 것을 고르시오.

01

I will give my clothes _____ Sue.

① at   ② to
③ of   ④ in
⑤ 아무 것도 안 씀

02

Tim made a cake _____ me.

① by   ② of
③ for   ④ to
⑤ 아무 것도 안 씀

03

_____ will go to the party with you?

① How   ② When
③ Where   ④ Why
⑤ Who

04

Let's _____ chicken. I'm very hungry.

① ordering   ② to order
③ order   ④ not order
⑤ be ordering

[05-06] 빈칸에 알맞지 <u>않은</u> 것을 고르시오.

⭐ 자주 나와요

05

Your idea sounds _____.

① fine   ② good
③ great   ④ better
⑤ perfectly

06

John told _____ the truth.

① her   ② me
③ Susan   ④ us
⑤ their

💬 서술형   ⭐ 자주 나와요

[07-08] 두 문장이 같은 뜻이 되도록 빈칸에 알맞은 말을 쓰시오.

07

My grandmother bought us snacks.
→ My grandmother _____ us.

08

I showed the report card to my mother.
→ I _____ the report card.

⭐ 자주 나와요

09 밑줄 친 부분이 어법상 <u>어색한</u> 것은?
① Mary can speak Korean, <u>can't she</u>?
② It wasn't too cold, <u>was it</u>?
③ The actress is beautiful, <u>isn't she</u>?
④ Jinsu lived in Suwon, <u>doesn't he</u>?
⑤ Your friends sing well, <u>don't they</u>?

10

① A : Whose coat is this?

  B : It's my dad's.

② A : What are your plans for this weekend?

  B : No, I don't have any plans.

③ A : Where will you go after Tokyo?

  B : I will go to Osaka.

④ A : How does he go to school?

  B : He goes to school by bus.

⑤ A : Isn't he Dana's brother?

  B : No, he isn't.

11

① A : Why do you look so sad?

  B : I lost my cell phone.

② A : When did Laura graduate from school?

  B : She graduated last year.

③ A : They are angry with me, aren't they?

  B : Yes, they are.

④ A : She doesn't go to church, does she?

  B : Yes, she doesn't.

⑤ A : Would you like to have dinner now or a little later?

  B : A little later.

[12-13] 어법상 <u>어색한</u> 것을 고르시오.

12

① The kids look excited.

② The baby cried loudly.

③ He became a police officer.

④ The sweater feels well.

⑤ The cake tastes too sweet.

⚠ 어려워요

13

① They sent a present to Nina.

② He wants me to be polite.

③ Rosa brought us to wine.

④ She teaches English to her neighbors.

⑤ I found the book difficult.

[14-15] 우리말과 일치하도록 할 때 빈칸에 알맞은 것을 고르시오.

14

너는 그들과 함께 파티에 있지 않았니?
→ _____ you at the party with them?

① Were   ② Aren't

③ Weren't   ④ Don't

⑤ Didn't

15

정말 귀여운 아들을 두셨네요!
→ _____ you have!

① How cute boy

② How a cute boy

③ What cute boy

④ What a cute boy

⑤ What cute a boy

💬 서술형

16 다음 문장을 감탄문으로 바꿔 쓰시오.

They are very brave.
→ How _____!

17

> They sent _____.

① a computer me

② a computer for me

③ me for a computer

④ me to a computer

⑤ me a computer

18

> The man made _____.

① we angrily   ② us angrily

③ we angry   ④ us angry

⑤ us anger

⚠ 어려워요

19 어법상 올바른 것은?

① We aren't late, aren't we?

② Lisa played the guitar, wasn't she?

③ You can't help me tomorrow, can you?

④ Weren't they get Christmas presents?

⑤ Which do you prefer, afternoons and evenings?

[20-21] 우리말을 영어로 바르게 옮긴 것을 고르시오.

20

> A: She doesn't like horror movies, does she?
> B: 네, 안 좋아해요.

① Yes, she isn't.   ② Yes, she doesn't.

③ No, she isn't.   ④ No, she doesn't.

⑤ No, she does.

21

> A: Won't you come with us?
> B: 아니요, 같이 갈 거예요.

① Yes, I do.   ② Yes, I will.

③ No, I will.   ④ Yes, I won't.

⑤ No, I won't.

💬 서술형

[22-25] 우리말과 일치하도록 문장을 완성하시오.

22

> 네 약속을 어기지 마.
> → _____ break your promise.

23

> 운동을 규칙적으로 해라, 그러면 건강해질 것이다.
> → Exercise regularly, _____ you'll be healthy.

24

> 중국 음식을 먹지 말자.
> → _____ _____ eat Chinese food.

25

> Jason은 중학교에 다니지, 그렇지 않니?
> → Jason goes to middle school, _____ _____?

A

우리말과 일치하도록 주어진 단어를 바르게 배열하시오.

1 그녀는 선생님께 질문을 많이 했다.

(many, asked, she, the teacher, questions)

→ _____

2 문을 계속 열어 두세요.

(open, please, the door, keep)

→ _____

3 휴가 때 어디에 갈 거니?

(will, on vacation, where, go, you)

→ _____

B

우리말과 일치하도록 (   ) 안의 단어를 이용하여 문장을 완성하시오.

1 우리 엄마는 우리에게 피자를 만들어 주셨다.

(make, pizza)

→ My mom _____.

2 모두들 그녀를 영웅이라고 불렀다. (call, hero)

→ Everybody _____.

3 그는 정말 친절한 사람이다! (kind, man)

→ What _____!

C

다음 글의 밑줄 친 ⓐ~ⓓ를 바르게 고치시오.

Seho: There is Jina over there. ⓐ How she is pretty!

Bomi: You like her, ⓑ aren't you?

Seho: No! ⓒ Aren't you know? I have a girlfriend.

Bomi: I didn't know. ⓓ Who are your girlfriend?

ⓐ → _____

ⓑ → _____

ⓒ → _____

ⓓ → _____

D

그림을 보고 대화를 완성하시오.

1 Mom : You were playing computer games again, _____ you?

Jun : Yes, I _____. But only for an hour.

2 Lucy : _____ do you want to read, a comic book _____ a book of essays?

Mike : A comic book, of course.

E

각 상자에서 알맞은 표현을 하나씩 골라 문장을 완성하시오.
(한 번씩만 사용)

1 The soup	tells me	her secrets.
2 She	ate	delicious.
3 We	smells	a big dinner.

1 _____

2 _____

3 _____

바르게 쓰인 문장에는 **O**, 어색한 문장에는 **X**를 표시한 후, 어색한 부분을 바르게 고치시오.

접어서 풀어보세요.

주어+동사+주격보어

1 The story sounds strangely.　　(　)

_____ → _____

▶ The story **sounds strange**.
감각동사 뒤에는 보어로 부사가 아닌 형용사를 쓴다.

주어+동사+간접목적어+직접목적어

2 Bob sent to her a letter.　　(　)

_____ → _____

▶ Bob **sent her** a letter.
간접목적어가 직접목적어 앞에 있을 때는 간접목적어 앞에 전치사를 쓰지 않는다.

주어+동사+목적어+수식어구

3 My mom made potato soup to me.　　(　)

_____ → _____

▶ My mom **made** potato soup **for** me.
make는 간접목적어가 직접목적어 뒤에 올 때 간접목적어 앞에 전치사 for를 쓴다.

주어+동사+목적어+목적격보어

4 Your smile makes me happily.　　(　)

_____ → _____

▶ Your smile **makes** me **happy**.
목적격보어로는 부사가 아닌 형용사를 쓴다.

의문사가 있는 의문문

5 What is your favorite song?　　(　)

_____ → _____

▶ **What** is your favorite song?
의문사가 있는 의문문은 「의문사+be동사/조동사+주어 ~?」의 어순으로 쓴다.

부가의문문

6 You can play soccer, aren't you?　　(　)

_____ → _____

▶ You can play soccer, **can't you**?
조동사의 부가의문문은 조동사를 이용하며, 긍정문 뒤에는 부정, 부정문 뒤에는 긍정으로 쓴다.

명령문

7 Please not tell your mother.　　(　)

_____ → _____

▶ Please **don't tell** your mother.
'~하지 마라'는 「don't+동사원형 ~」으로 쓴다.

감탄문

8 How a busy man he is!　　(　)

_____ → _____

▶ **What** a busy man he is!
감탄문은 「What+a(n)+형용사+명사+(주어+동사)!」 또는 「How+형용사/부사+(주어+동사)!」의 형태로 쓴다.

Chapter

8

전치사와 접속사

UNIT 1 전치사

전치사는 명사, 대명사 앞에 쓰여 장소, 시간 등을 나타낸다.

Ⓐ 장소를 나타내는 전치사

Grammar Tips

➕

전치사 뒤에 대명사가 오면
목적격으로 쓴다.
She is sitting *next to* **me**.
(next to I (x))

1 in(~(안)에), at(~에), on(~(위)에)

in+공간의 내부, (도시·국가 등) 비교적 넓은 장소	**in** the kitchen	**in** Seoul
at+장소의 한 지점	**at** school	**at** the bus stop
on+접촉해 있는 표면, 장소	**on** the desk	**on** the field

My mom is watching TV **in** the living room.
Luke is going to meet his sister **at** the airport.
There are two cushions **on** the sofa.

2 over(~ 위에), under(~ 아래에)

A lamp was hanging **over** the table.
Dan found his wallet **under** the chair.

3 in front of(~ 앞에), behind(~ 뒤에)

Let's meet **in front of** the flower shop.
My friend is standing **behind** the car.

4 next to(~ 옆에), across from(~ 맞은편에)

The baseball stadium is **next to** the movie theater.
A huge statue stands **across from** the park.

Check-up   우리말과 일치하도록 보기에서 알맞은 표현을 골라 문장을 완성하시오.

보기	under	in	on	in front of	across from

1 나는 내 가방에 우산을 넣었다.
→ I put my umbrella _____ my bag.

2 Amy는 서점 앞에서 그녀의 남자 친구를 기다렸다.
→ Amy waited for her boyfriend _____ the bookstore.

3 잔디 위에 앉지 마시오.
→ Don't sit _____ the grass.

4 배가 다리 아래로 지나가고 있다.
→ The ship is passing _____ the bridge.

5 영화관 맞은편에 있는 신발 가게는 할인 판매 중이다.
→ The shoe store _____ the theater is having a sale.

Words

bus stop 버스 정류장   field 들판   airport 공항   cushion 쿠션   hang 매달리다   wallet 지갑
stadium 경기장   huge 거대한   statue 조각상   grass 잔디   bridge 다리   have a sale 할인 판매를 하다

B 시간을 나타내는 전치사

1 in, at, on(~에)

in+오전, 오후, 연도, 월, 계절	**in** the morning **in** July	**in** 2018 **in** winter
at+구체적인 시간, 하루의 때	**at** 9:30 a.m. **at** night	**at** noon
on+날짜, 요일, 특정한 날	**on** April 1 **on** Parents' Day	**on** Sunday

This train leaves **at** 8 o'clock **in** the morning.
Jim had a great dinner **on** his birthday.

2 before(~ 전에), after(~ 후에)

Please come to the office **before** 9 a.m.
How about playing soccer **after** school?

3 between A and B(A와 B 사이에), from A to B(A부터 B까지)[1]

You can call me **between** 9 a.m. **and** 11 a.m.
Lunch is **from** 12 p.m. **to** 1 p.m.

Grammar Tips

[1] between A and B와 from A to B는 장소를 나타낼 때도 쓸 수 있다.
- The restaurant is **between** the bookstore **and** the coffee shop.
- I took a bus **from** New York **to** Boston.

for, during (~ 동안)
• for+기간의 길이, 숫자
Sam took a nap **for** two hours.
• during+특정 시기
I will go to Europe **during** the vacation.

Check-up   우리말과 일치하도록 ( ) 안의 표현을 이용하여 문장을 완성하시오.

1 나뭇잎들은 가을에 색이 변한다. (autumn)
 → The leaves change colors _____.

2 Nick은 어린이날에 그의 조카에게 선물을 사주었다. (Children's Day)
 → Nick bought his nephew a present _____.

3 당신은 오후 3시에서 4시 사이에 휴식을 취할 수 있습니다. (p.m.)
 → You can take a break _____ 4 p.m.

4 우리의 영업시간은 오전 9시부터 오후 6시까지 입니다. (a.m.)
 → Our business hours are _____ 6 p.m.

5 너는 수업 전에 네 휴대 전화를 꺼야 한다.
 → You should turn off your cell phone _____. (class)

Words
Parents' Day 어버이날   autumn 가을   Children's Day 어린이날   nephew (남자) 조카
take a break 휴식을 취하다   business hours 영업시간

UNIT 2 접속사

접속사는 둘 이상의 단어, 구, 절을 연결해주는 말이다.

A and, but, or, so

and, but, or, so는 문법적으로 대등한 단어와 단어, 구와 구, 절과 절[1]을 연결한다.

1 and[2]: 그리고

I had *cereal* **and** *milk* for breakfast today.
Sumi *is from Busan* **and** *plays the piano well*.

2 but: 그러나

These earrings are *beautiful* **but** *too expensive*.
Brian likes to dance, **but** *he doesn't like to sing*.

3 or: 또는

Do you prefer *coffee* **or** *green tea*?
You can *call me* **or** *send me an email*.

4 so: 그래서

I was hungry, **so** *I had a sandwich*.
My computer was broken, **so** *I couldn't do my homework*.

Grammar Tips

[1] so는 절과 절을 연결할 때만 쓰인다.

[2] 셋 이상의 단어를 연결할 때는 마지막 단어 앞에만 and를 쓰고 나머지는 콤마(,)로 구분한다.
I moved *a desk, a chair,* **and** *a lamp*.

Check-up 보기에서 알맞은 단어를 골라 빈칸에 쓰시오.

보기	and	but	or	so

1 Do you want to eat out _____ stay in?

2 Tim is handsome _____ kind.

3 Which kind of ice cream do you like, chocolate _____ vanilla?

4 I liked the design of the T-shirt, _____ it was too small.

5 It was really hot, _____ they turned on the air conditioner.

6 Amy chose a book _____ started to read it.

7 The man had a lot of money, _____ he was not happy.

Words
earring 귀걸이   broken 고장 난   eat out 외식하다

84

B 종속 접속사

종속 접속사는 주절과 종속절을 이어 주는 접속사로, 종속절은 주절의 의미를 보충한다.

1 when: ~할 때

When I was in Boston, I visited Harvard University.

Wear a swimming cap **when** you swim in this pool.

2 before: ~하기 전에[3]

Before you cross the street, look both ways.

Remember to close the window **before** you go out.

3 after: ~한 후에[4]

After we ate dinner, we went to the movie theater.

I want to be a car designer **after** I graduate.[5]

4 because: ~하기 때문에

Because she was sick, she was absent from school.

We can't go on a picnic **because** it is raining.

5 if: 만약 ~한다면

If you don't hurry up, you'll miss the plane.[6]

Try on the sweater **if** you like it.

6 that ~: ~하는 것

「that+주어+동사」는 문장에서 주어, 목적어, 보어 역할을 한다.

It is certain **that** our team will win first prize.[7] 주어 역할

(← **That** our team will win first prize is certain.)

The weather forecast says (**that**)[8] it will snow tomorrow. 목적어 역할

The problem is **that** I don't know her phone number. 보어 역할

Check-up ( ) 안에서 알맞은 것을 고르시오.

1 (Before, After) Susan went to bed, she drank a glass of milk.

2 Jiho didn't come to school today (that, because) he was sick.

3 Kevin had a stomachache (before, after) he ate a lot of ice cream.

4 It is sad (that, before) Mandy moved to another city.

5 (If, That) you need any help, please ask me anytime.

6 (If, When) the mailman rang the doorbell, I was listening to music.

Grammar Tips

➕

종속 접속사를 포함하는 종속절은 주절의 앞, 뒤에 모두 올 수 있다. 종속절이 주절 앞에 오면 보통 종속절 다음에 콤마(,)를 쓴다.

3-4 before와 after가 접속사로 쓰일 때는 뒤에 「주어+동사」가 오고, 전치사로 쓰일 때는 명사(구)가 온다.
- I woke up **before** 6 a.m.
- Let's take a walk **after** dinner.

5-6 시간을 나타내는 접속사 (after, before, when ...)나 조건을 나타내는 접속사(if)가 이끄는 부사절에서는 미래의 일도 현재시제로 쓴다.
→ I want to be a car designer after I *will* graduate. (x)
→ If you *won't* hurry up, you'll miss the plane. (x)

7 that절이 주어로 쓰이면 보통 가주어 It을 사용하여 「It ~ that+주어+동사」의 형태로 쓴다.

8 목적어절을 이끄는 that은 생략할 수 있다.

Words

both 둘 다의   absent from ~에 결석한   try on ~을 입어 보다   certain 확실한   win first prize 1등상을 타다
weather forecast 일기 예보   mailman 우체부   ring (종을) 울리다, 누르다   doorbell 초인종

[01-04] 빈칸에 알맞은 것을 고르시오.

01

We had a lot of snow _____ 2011.

① at   ② in
③ on   ④ to
⑤ over

⭐ 자주 나와요
02

The new school year starts _____ March 2.

① on   ② in
③ at   ④ by
⑤ to

03

I was late _____ there was heavy traffic.

① so   ② because
③ or   ④ that
⑤ but

⭐ 자주 나와요
04

The game will not start _____ it rains a lot.

① but   ② so
③ if   ④ that
⑤ before

[05-08] 우리말과 일치하도록 할 때 빈칸에 알맞은 것을 고르시오.

05

그는 2시 또는 3시에 열차를 탈 것이다.
→ He will take the train at 2 o'clock _____ 3 o'clock.

① and   ② but
③ or   ④ so
⑤ if

06

우리 할아버지는 바닥에 앉길 좋아하신다.
→ My grandfather likes to sit _____ the floor.

① in   ② on
③ under   ④ behind
⑤ to

07

나는 박물관에서 몇몇 훌륭한 그림들을 보았다.
→ I saw some great paintings _____ the museum.

① next to   ② to
③ at   ④ between
⑤ over

08

새 서점이 우체국 맞은편에 문을 열었다.
→ A new bookstore opened _____ from the post office.

① at   ② in front
③ to   ④ next
⑤ across

09 우리말과 일치하도록 문장을 완성하시오.

> 3시에 극장 앞에서 만나자.
> → Let's meet _____ the theater
> _____ 3 o'clock.

💬 서술형

[10-11] 빈칸에 공통으로 알맞은 말을 쓰시오.

10

> • We always get together _____
>   Thanksgiving Day.
> • Let's hang the picture _____ the wall.

11

> • Ron often plays computer games _____
>   school.
> • I always post a review on my blog _____
>   I see a movie.

[12-14] 빈칸에 알맞은 말이 바르게 짝지어진 것을 고르시오.

12

> Zoe left _____ Friday _____ noon.

① in – at   ② in – on
③ at – at   ④ on – in
⑤ on – at

13

> You can visit my office _____ 3 p.m.
> _____ 5 p.m.

① from – and   ② from – or
③ between – and   ④ at – to
⑤ between – to

⭐ 자주 나와요

14

> Brad promised to help us, _____ he
> didn't keep his promise. Rachel _____ I
> were very disappointed.

① and – or   ② so – and
③ so – or   ④ but – or
⑤ but – and

[15-17] 밑줄 친 부분이 어법상 어색한 것을 고르시오.

15

① I like to go skiing <u>in</u> winter.
② They went to bed <u>at</u> midnight.
③ We will go on a trip <u>on</u> August.
④ He returned home <u>in</u> the afternoon.
⑤ I visit my grandparents <u>on</u> New Year's Day.

⚠️ 어려워요

16

① Dahee slept <u>during</u> eight hours last night.
② My dad parked his car <u>behind</u> the building.
③ There is a rainbow <u>over</u> the bridge.
④ We played chess <u>before</u> dinner.
⑤ The soldiers were in a submarine <u>under</u> the
   sea.

17

① Do you want pie <u>or</u> cake for dessert?
② I was full, <u>so</u> I had another piece of pizza.
③ Today is Saturday, <u>but</u> I have to work.
④ My boyfriend is handsome <u>and</u> smart.
⑤ Are you going to send it by email <u>or</u> fax?

18 다음 문장에서 빠진 단어를 넣어 문장을 다시 쓰시오.

I watch a funny movie when feel sad.

→ _____

19 짝지어진 대화가 <u>어색한</u> 것은?

① A: This spaghetti looks delicious.

　 B: Wash your hands before you eat.

② A: Is your computer working?

　 B: No, it's not. If you have time, please help me.

③ A: There are too many cars on the street.

　 B: Then you should take the subway.

④ A: Where did you go for vacation?

　 B: I went to Ulsan or Busan.

⑤ A: What did you do yesterday?

　 B: After I finished my work, I met my friend.

[20-22] 빈칸에 공통으로 알맞은 것을 고르시오.

⚠ 어려워요

20

• It's clear _____ she will win the game.

• The fact is _____ we don't have enough money.

① after 　　　② when

③ before 　　④ because

⑤ that

21

• You have to get out of the building _____ the fire alarm sounds.

• Turn off the light _____ you go out.

① when 　　　② and

③ so 　　　　④ that

⑤ but

22

• I will make our class the best in school _____ I become the class president.

• Take a break _____ you're tired.

① before 　　② that

③ if 　　　　④ but

⑤ and

⚠ 어려워요

23 어법상 <u>어색한</u> 것은?

① It is surprising that you still remember her.

② When I was 10, I learned to play the piano.

③ If we miss the bus, we'll be late for the play.

④ Before she was born in London, she speaks English well.

⑤ You have to jump into the pool after you warm up.

24 우리말과 일치하도록 문장을 완성하시오.

벨기에는 서유럽에 있는 나라이다. 그 나라는 프랑스, 네덜란드, 독일 옆에 있다.

→ Belgium is a country _____ Western Europe. It is _____ France, the Netherlands, _____ Germany.

25 다음 문장을 so를 이용하여 바꿔 쓰시오.

He couldn't go to school because he had a bad cold.

→ _____

A

우리말과 일치하도록 주어진 단어를 바르게 배열하시오.

1 그는 수프에 소금과 후추를 넣었다.

(salt, in, put, pepper, he, and, his soup)

→ _____

2 우리는 그가 진실을 말하고 있다고 믿었다.

(he, believed, was, the truth, we, that, telling)

→ _____

3 나는 학교에서 은행까지 걸어갔다.

(the bank, from, I, the school, walked, to)

→ _____

B

우리말과 일치하도록 ( ) 안의 표현을 이용하여 문장을 완성하시오.

1 고양이가 탁자 아래에서 자고 있다. (the table)

→ The cat is sleeping _____ .

2 나는 여행을 가고 싶지만 시간이 없어. (have time)

→ I want to take a trip, _____ .

3 내일 날씨가 좋다면, 우리는 소풍을 갈 거야. (it, sunny)

→ _____ tomorrow, we'll go on a picnic.

C

우리말과 일치하도록 ⓐ~ⓒ에 알맞은 말을 쓰시오.

Jim : Let's go shopping tomorrow.

Amy : Okay. What time do you want to meet?

Jim : The mall is open ⓐ 오전 10시(10 a.m.)부터 오후 8시(8 p.m.)까지. How about meeting ⓑ 10시에?

Amy : Sounds good. The mall will be less crowded ⓒ 오전에는.

ⓐ _____

ⓑ _____

ⓒ _____

D

그림을 보고 보기에서 알맞은 표현을 골라 문장을 완성하시오. (한 번씩만 사용)

| 보기 | across from | on | between | behind |

1 The bakery is _____ the bookstore and the hospital.

2 The school is _____ the bookstore.

3 The bus stop is _____ the bakery.

4 A man is sitting _____ the bench.

E

다음 Juhye의 일요일 계획표를 보고 보기에서 알맞은 단어를 골라 글을 완성하시오.

08:00 a.m.	go jogging
10:00 a.m.	go to the library
05:00 p.m.	see a movie
07:00 p.m.	go back home

| 보기 | after | on | before |

_____ Sunday, Juhye will go jogging at 8 o'clock. _____ jogging, she will go to the library. _____ she goes back home, she will see a movie.

바르게 쓰인 문장에는 **O**, 어색한 문장에는 **X**를 표시한 후,
어색한 부분을 바르게 고치시오.

접어서 풀어보세요.

장소를 나타내는 전치사

1 A picture is hanging at the wall.　　(　)

_____ → _____

▸ A picture is hanging **on** the wall.
'~(접촉해 있는 표면) 위에'는 전치사 on으로 표현한다.

장소를 나타내는 전치사

2 My parents were standing behind of me.　(　)

_____ → _____

▸ My parents were standing **behind** me.
behind는 전치사로서 뒤에 바로 명사나 대명사가 온다.

장소를 나타내는 전치사

3 My school is across by the bank.　　(　)

_____ → _____

▸ My school is **across from** the bank.
'~ 맞은편에'는 전치사 across from으로 표현한다.

시간을 나타내는 전치사

4 I like to travel at summer.　　(　)

_____ → _____

▸ I like to travel **in summer**.
계절 앞에는 전치사 in을 쓴다.

시간을 나타내는 전치사

5 We often go hiking in Sundays.　　(　)

_____ → _____

▸ We often go hiking **on Sundays**.
요일 앞에는 전치사 on을 쓴다.

and, but, or, so

6 I was very hungry, or I had lunch before　(　)
noon.

_____ → _____

▸ I was very hungry, **so** I had lunch before noon.
'그래서'는 접속사 so로 표현한다.

종속 접속사

7 I'll call you when the dinner is ready.　(　)

_____ → _____

▸ I'll call you **when** the dinner is ready.
'~할 때'는 종속 접속사 when으로 표현한다.

종속 접속사

8 The truth is that she is very famous in　(　)
Italy.

_____ → _____

▸ The truth is **that** she is very famous in Italy.
종속 접속사 that은 문장에서 주어, 목적어, 보어 역할을 하는 절을 이끈다.

memo

memo

memo

지은이

NE능률 영어교육연구소

NE능률 영어교육연구소는 혁신적이며 효율적인 영어 교재를 개발하고
영어 학습의 질을 한 단계 높이고자 노력하는 NE능률의 연구조직입니다.

열중16강 문법 〈LEVEL 1〉

펴 낸 이	주민홍
펴 낸 곳	서울특별시 마포구 월드컵북로 396(상암동) 누리꿈스퀘어 비즈니스타워 10층
	㈜NE능률 (우편번호 03925)
펴 낸 날	2019년 1월 5일 개정판 제1쇄 발행
	2024년 4월 15일 제11쇄
전 화	02 2014 7114
팩 스	02 3142 0356
홈 페 이 지	www.neungyule.com
등록번호	제1-68호
I S B N	979-11-253-2603-8 53740
정 가	9,000원

NE 능률

고객센터

교재 내용 문의 : contact.nebooks.co.kr (별도의 가입 절차 없이 작성 가능)
제품 구매, 교환, 불량, 반품 문의 : 02-2014-7114
☎ 전화문의는 본사 업무시간 중에만 가능합니다.

NE능률 교재 MAP

아래 교재 MAP을 참고하여 본인의 현재 혹은 목표 수준에 따라 교재를 선택하세요.
NE능률 교재들과 함께 영어실력을 쑥쑥~ 올려보세요!
MP3 등 교재 부가 학습 서비스 및 자세한 교재 정보는 www.nebooks.co.kr 에서 확인하세요.

문법 구문

초1-2	초3	초3-4	초4-5	초5-6
	그래머버디 1	그래머버디 2	그래머버디 3	Grammar Bean 3
	초등영어 문법이 된다 Starter 1	초등영어 문법이 된다 Starter 2	Grammar Bean 1	Grammar Bean 4
		초등 Grammar Inside 1	Grammar Bean 2	초등영어 문법이 된다 2
		초등 Grammar Inside 2	초등영어 문법이 된다 1	초등 Grammar Inside 5
			초등 Grammar Inside 3	초등 Grammar Inside 6
			초등 Grammar Inside 4	

초6-예비중	중1	중1-2	중2-3	중3
능률중학영어 예비중	능률중학영어 중1	능률중학영어 중2	Grammar Zone 기초편	능률중학영어 중3
Grammar Inside Starter	Grammar Zone 입문편	1316 Grammar 2	Grammar Zone 워크북 기초편	문제로 마스터하는 중학영문법 3
원리를 더한 영문법 STARTER	Grammar Zone 워크북 입문편	문제로 마스터하는 중학영문법 2	1316 Grammar 3	Grammar Inside 3
	1316 Grammar 1	Grammar Inside 2	원리를 더한 영문법 2	열중 16강 문법 3
	문제로 마스터하는 중학영문법 1	열중 16강 문법 2	중학영문법 총정리 모의고사 2	중학영문법 총정리 모의고사 3
	Grammar Inside 1	원리를 더한 영문법 1	쓰기로 마스터하는 중학서술형 2학년	쓰기로 마스터하는 중학서술형 3학년
	열중 16강 문법 1	중학영문법 총정리 모의고사 1	중학 천문장 3	
	쓰기로 마스터하는 중학서술형 1학년	중학 천문장 2		
	중학 천문장 1			

예비고-고1	고1	고1-2	고2-3	고3
문제로 마스터하는 고등영문법	Grammar Zone 기본편 1	필히 통하는 고등 영문법 실력편	Grammar Zone 종합편	
올클 수능 어법 start	Grammar Zone 워크북 기본편 1	필히 통하는 고등 서술형 실전편	Grammar Zone 워크북 종합편	
천문장 입문	Grammar Zone 기본편 2	TEPS BY STEP G+R Basic	올클 수능 어법 완성	
	Grammar Zone 워크북 기본편 2		천문장 완성	
	필히 통하는 고등 영문법 기본편			
	필히 통하는 고등 서술형 기본편			
	천문장 기본			

수능 이상/ 토플 80-89 · 텝스 600-699점	수능 이상/ 토플 90-99 · 텝스 700-799점	수능 이상/ 토플 100 · 텝스 800점 이상		
TEPS BY STEP G+R 1	TEPS BY STEP G+R 2	TEPS BY STEP G+R 3		

열여섯 시간에 완성하는 중학 영어 단기 특강

열중16강

문법
LEVEL 1

정답 및 해설

NE 능률

열여섯 시간에 완성하는 중학 영어 단기 특강

열중16강

문법
LEVEL 1

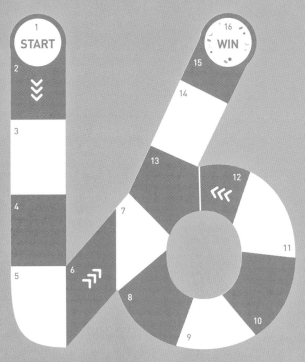

열여섯 시간에 완성하는 중학 영어 단기 특강

UNIT 1 인칭대명사와 be동사　　p. 12

A

그녀는 영화배우이다.
그녀의 목소리는 예쁘다.
그들은 내 강아지들이다. 나는 그들을 사랑한다.
이 컴퓨터는 우리의 것이다.

Grammar Tips
나는 Jacob의 전화번호를 안다.
그 가방들은 나의 친구들의 것이다.

Check-up
1　your, 나는 너의 새로운 머리 모양이 마음에 들어.
2　mine, 이 자전거는 나의 것이다. 너의 것은 저쪽에 있다.
3　him, Tom은 나의 가장 친한 친구이다. 나는 그를 매우 잘 안다.

B

그것은 나의 오래된 일기장이다.
그들은 백화점에 있다.

Check-up
1 are　2 is　3 You're 또는 You are

C

1　나는 축구팬이 아니다.
　　그녀는 도서관에 있지 않다.
2　너는 음악가이니? – 응, 그래. / 아니, 그렇지 않아.
　　그것은 네 방이니? – 응, 그래. / 아니, 그렇지 않아.

Check-up
1 Mike is not[isn't] in Paris now.　2 Are you in Paris now?　3 No, I am[I'm] not.

D

침대 위에 아기가 있다.
병 안에 주스가 있다.
해변에 많은 사람들이 있다.

Grammar Tips
이 거리에는 높은 건물들이 하나도 없다.
그 수프 안에 채소들이 있니? – 응, 있어. / 아니, 없어.

Check-up
1　There is, 내 정원에는 사과나무가 있다.

2　There are, 바닥에 세 마리의 새끼 고양이들이 있다.
3　There is, 컵 안에 뜨거운 차가 있다.

UNIT 2 일반동사　　p. 14

A

1　나는 매일 내 방을 청소한다.
　　너는 맛있는 쿠키를 만든다.
　　Steve와 James는 같은 학교에 다닌다.
2　그는 매일 아침 우유를 마신다.
　　우리 엄마는 저녁 식사 후에 설거지를 하신다.
　　그 풍선은 아주 천천히 날아간다.
　　Julia는 아름다운 눈을 가지고 있다.

Check-up
1 look　2 washes　3 lives　4 cries　5 order　6 teaches
7 has

B

나는 별명이 없다.
그들은 아침을 먹지 않는다.
우리 부모님은 보통 지하철을 타지 않으신다.
그는 춤을 잘 못 춘다.
그 여자는 빠르게 걷지 않는다.

Check-up
1 don't drink　2 don't study　3 doesn't exercise

C

우리는 충분한 돈이 있니? – 응, 있어. / 아니, 없어.
Sophia는 매운 음식을 좋아하니? – 응, 좋아해. / 아니, 좋아하지 않아.

Grammar Tips
내 남동생은 자주 숙제를 하지 않는다.
너는 수상 스포츠를 하니?

Check-up
1 Does he like　2 Does Ms. Brown teach
3 Do you walk

내신 적중 테스트　　p. 16

1 ②　2 ③　3 ④　4 ③　5 ④　6 ④　7 ②　8 ④
9 ②　10 ②　11 are not[aren't] my friends, them
12 is not[isn't]　13 ②　14 ③　15 ⑤　16 Jim and
I are　17 Is, yours　18 ④　19 ③　20 ⑤　21 ①
22 ②　23 ①　24 ⓐ → Does　ⓓ → goes
25 is, her, They

1 '~에 있다'의 뜻은 be동사로 나타내며, your mother은 3인칭 단수이므로 Is가 알맞다.
  ▶ living room 거실
2 '그녀의 것'은 소유대명사 hers로 표현한다.
3 your ~로 물었으므로 my ~로 대답한다.
  ▶ roasted 구운
4 주어가 3인칭 복수인 일반동사의 부정문: don't+동사원형
5 주어가 3인칭 단수인 일반동사의 의문문:
  Does+주어+동사원형 ~?
6 '그들(사촌들)의'라는 의미의 소유격 Their를 쓰며, 마지막 문장의 him으로 보아 개가 수컷이므로 '그의'라는 의미의 소유격 His를 쓴다.
  ▶ cousin 사촌
7 '~에 있다'의 뜻은 be동사로 나타내며, 주어가 3인칭 단수이므로 Is를 쓴다. 또한 No라고 답했으므로 isn't를 쓴다.
  ▶ on vacation 휴가 중인
8 일반동사의 의문문은 「Do/Does+주어+동사원형 ~?」이며, have의 3인칭 단수형은 has이다.
9 ② → B: Yes, I am. / No, I am not.
  ▶ backyard 뒤뜰   elementary school 초등학교
10 ② → B: Yes, they do. / No, they don't.
  ▶ take a shower 샤워를 하다
11 They는 3인칭 복수이므로 be동사 are를 쓰며, they의 목적격은 them이다.
12 • 따뜻한 음식이 없고 food는 셀 수 없는 명사로 쓰였으므로 There is not이 알맞다.
  • Mark에게 누이가 있다고 했으므로 only child(외동)가 아니다.
  ▶ buffet 뷔페
13 ② → is, Harris는 사람 이름으로서 3인칭 단수이므로 is가 알맞다.
  ▶ grade 학년
14 ③ → are, bananas는 복수명사이므로 There are를 쓴다.
  ▶ refrigerator 냉장고
15 ⑤ → get, 주어 Mr. and Mrs. Anderson이 복수이므로 get이 알맞다.
16 주어 Jim and I가 복수이므로 be동사는 are를 쓴다.
17 주어 this dictionary가 단수이므로 be동사는 Is를 쓰며, '너의 것'은 yours로 나타낸다.
  ▶ dictionary 사전
18 ① → doesn't learn   ② → do   ③ → washes   ⑤ → wake
  ▶ Chinese 중국어
19 Are there ~?로 물었을 때의 긍정의 대답은 Yes, there are.이다.
  ▶ theater 극장
20 일반동사의 3인칭 단수형: 「자음 + -y」로 끝나는 동사는 y를 i로 고치고 + -es / 대부분의 동사는 + -s
21 ② are → is   ③ don't → aren't   ④ isn't → aren't
  ⑤ is → are
  ▶ photography 사진술, 사진 찍기
22 ① Do → Does   ③ Does → Do   ④ Is → Does   ⑤ Are

→ Do
23 일반동사의 의문문은 「Do/Does+주어+동사원형 ~?」을 쓴다. your sister를 대신하는 주격 인칭대명사는 she이며, We는 1인칭 복수이므로 동사원형을 쓴다.
24 ⓐ 주어가 3인칭 단수인 일반동사의 의문문:
  Does+주어+동사원형 ~?
  ⓓ 주어가 3인칭 단수이므로 goes가 알맞다.
25 Mina는 3인칭 단수이므로 is, friends를 수식하므로 she의 소유격 her, her friends를 대신해야 하므로 They가 알맞다.
  ▶ cook 요리사   delicious 맛있는   invite 초대하다

서술형 내공 Up
p. 19

A 1 My parents' new car is red.
  2 Do the students like their teacher?
  3 He doesn't go to school by bus.

B 1 is 10 years old   2 There are 30 desks
  3 Does, act well

C ⓐ Is   ⓑ isn't   ⓒ My   ⓓ Do   ⓔ your   ⓕ don't

D 1 Yes, he is, goes
  2 No, they aren't, take care of

E 1 studies fashion design in school. She reads fashion magazines every day.
  2 are hungry. They want cheese pizza. It is their favorite food.

A 1 -s로 끝나는 명사의 소유격은 뒤에 '만 붙이며, 주어가 3인칭 단수일 때 be동사는 is를 쓴다.
  2 주어가 3인칭 복수인 일반동사의 의문문:
    Do+주어+동사원형 ~?, they의 소유격: their
  3 주어가 3인칭 단수인 일반동사의 부정문:
    doesn't+동사원형

B 1 주어가 3인칭 단수일 때 be동사는 is를 쓴다.
  2 There are+복수명사: ~가 있다
  3 주어가 3인칭 단수인 일반동사의 의문문:
    Does+주어+동사원형 ~?
  ▶ actress 여배우

C ⓐ 주어가 3인칭 단수인 be동사의 의문문: Is+주어 ~?
  ⓑ it is의 부정: it isn't
  ⓒ 명사 앞에 쓰인 I의 소유격: my
  ⓓ 주어가 2인칭 단수인 일반동사의 의문문:
    Do you+동사원형 ~?
  ⓔ 명사 앞에 쓰인 you의 소유격: your
  ⓕ 「Do you+동사원형 ~?」에 대한 부정의 대답: No, I don't.

Jinsu: 네 생일은 3월에 있니?
Sunju: 아니, 그렇지 않아. 내 생일은 4월에 있어.
Jinsu: 너는 네 생일파티에 친구들을 많이 초대하니?
Sunju: 아니, 그렇지 않아. 나는 친한 친구 몇 명만 초대해.

▶ a few 약간의

D 1 「Is he ~?」에 대한 긍정의 대답: Yes, he is., go의 3인칭
단수형: goes
2 「Are they ~?」에 대한 부정의 대답: No, they aren't.,
주어가 3인칭 복수이므로 동사원형

▶ take care of ~를 돌보다

E 1 주어가 3인칭 단수이므로 study → studies, read →
reads로 쓴다.

나는 학교에서 패션 디자인을 공부한다. 나는 매일 패션
잡지를 읽는다.

▶ magazine 잡지

2 주어가 3인칭 복수이므로 am → are, want → want로
쓰며, my는 they의 소유격 their로 쓴다.

나는 배가 고프다. 나는 치즈 피자가 먹고 싶다. 그것은 내가
가장 좋아하는 음식이다.

문법정리 OX

p. 20

1 X, their → them 2 X, is → are 3 X, amn't → am not
4 O 5 X, are → is 6 X, flys → flies 7 X, plays → play
8 X, Do → Does

Chapter 2
시제

UNIT 1 현재시제와 과거시제

p. 22

A

나의 고양이는 푸른 눈을 가지고 있다.
Ann은 주말마다 드라마를 본다.

물은 섭씨 100도에서 끓는다.

Check-up

1 has 2 goes 3 are

B

1 나는 어제 David의 집에 있었다.
그 영화는 훌륭했다.
그들은 작년에 12살이었다.
2 나는 어젯밤에 너에게 전화를 했다.
기차는 천천히 멈췄다.
그들은 이틀 전에 DSLR 카메라를 샀다.
James는 오늘 아침에 교복을 입었다.

Grammar Tips

세종대왕은 한글을 발명했다.

Check-up

1 went 2 bought 3 were 4 asked

C

1 그의 농담은 재미있지 않았다.
그들은 수업 중에 조용히 있지 않았다.
그 책은 재미있었니? - 응, 재미있었어. / 아니, 재미없었어.
너의 부모님은 집에 계셨니? - 응, 집에 계셨어. / 아니, 집에
계시지 않았어.
2 나는 그녀의 이메일 주소를 몰랐다.
Steve가 경주에서 이겼니? - 응, 이겼어. / 아니, 이기지
못했어.

Check-up

1 I was not[wasn't] in Busan last winter.
2 Were they at the theater?
3 Did Eric come home late yesterday?
4 Suji did not[didn't] take a walk with her dog this
afternoon.

UNIT 2 진행시제와 미래시제

p. 24

A

1 전화기가 지금 울리고 있다.
많은 사람들이 공원에서 조깅을 하고 있다.
2 Nick은 침대에 누워 있었다.
우리는 우리의 방학에 대해 이야기하고 있었다.
3 Betty는 치마를 입고 있지 않다. 그녀는 청바지를 입고 있다.
Minsu는 무대에서 노래를 하고 있지 않았다. 그는 춤을 추고
있었다.
너는 이 열쇠를 찾고 있니? - 응, 그래. / 아니, 그렇지 않아.
John은 음악을 듣고 있었니? - 응, 그래. / 아니, 그렇지
않아.

Grammar Tips

나는 큰 개를 가지고 있다.
나는 지금 점심을 먹는 중이다.

Check-up

1 Are you waiting for
2 was not[wasn't] playing
3 Sue was tying

B

1 그는 내일 아침 뉴욕에 도착할 것이다.
나는 우리를 위해 피자를 주문할 것이다.
나는 패스트푸드를 먹지 않을 것이다. 그것은 건강에 해롭다.
너는 방과 후에 농구를 할 거니? – 응, 할 거야. / 아니, 하지
않을 거야.
2 태풍이 곧 다가올 것이다.
김 씨는 다음 월요일에 이사를 나갈 예정이다.
아버지는 등산을 하지 않을 것이다.
비행기가 제시간에 도착할 예정입니까? – 네, 그렇습니다. /
아니요, 그렇지 않습니다.

Check-up

1 She will visit her grandparents tomorrow.
2 I will not[won't] give up my dream.
3 Will he come to the party this Friday?
4 It is not going to snow on Christmas Eve.
5 We are going to go skiing in Muju next week.
6 Are you going to have a singing audition next
Saturday?

내신 적중 테스트

p. 26

1 ④ 2 ③ 3 ③ 4 ① 5 ③ 6 ⑤ 7 ④
8 ⑤ 9 ④ 10 is visiting 11 Was she calling
12 ② 13 ③ 14 ④ 15 ② 16 ② 17 ③
18 ② 19 played 20 ① 21 was not[wasn't]
doing 22 going to 23 ④ 24 ④ 25 ⓐ lying
ⓑ beginning

1 next weekend가 있으므로 미래시제를 쓴다.
2 Were you ~?로 물었을 때 No, I wasn't.의 대답이
가능하다.
3 대답이 과거시제이고, 일반동사의 의문문이므로 Did를 쓴다.
4 여름방학에 무엇을 읽었는지 물었으므로 과거시제가 알맞다.
(read – read)
▶ novel 소설
5 ③ → traveled, a month ago가 있으므로 과거시제로 쓴다.
▶ rise (해·달이) 뜨다 Thailand 태국
6 ⑤ → was, is의 과거형은 was이다.
▶ in good shape (몸의) 상태가 좋은 humid 습한

7 ④ → wants, want와 같이 상태를 나타내는 동사는
진행형으로 쓰지 않는다.
▶ cheer 응원하다
8 일반동사 과거형의 부정문: didn't+동사원형
▶ agree with ~에 동의하다
9 주어 They가 복수이므로 과거진행시제 were v-ing를 쓴다.
▶ try one's best 최선을 다하다
10 '방문 중'이므로 현재진행시제를 쓴다.
11 '전화를 하고 있던 중'이므로 과거진행시제를 쓴다.
12 2000년은 과거이므로 현재시제인 arrives는 어색하다.
13 지금 '회원인 것'은 현재시제로, 지난달에 '가입한 것'은
과거시제로 쓴다.
14 yesterday가 있고 대답이 과거시제이므로
「Did+주어+동사원형 ~?」으로 질문하는 것이 알맞다.
▶ receive 받다 prize 상
15 일반동사 과거형의 의문문: Did+주어+동사원형 ~?
▶ text message 문자 메시지
16 ② working → work, 일반동사 과거형의 부정문:
didn't+동사원형
▶ crowded 붐비는 national holiday 국경일 scissors 가위
17 ③ is going not to → is not going to, 「be going
to+동사원형」의 부정문: be동사+not going to+동사원형
▶ abroad 외국에(서)
18 ② arrives → arrive, will의 의문문: Will+주어+동사원형 ~?
▶ donate 기부하다 organization 조직, 단체
19 '악기 연주, 운동, 컴퓨터 게임 등을 하다'는 모두 play로
나타낼 수 있다. 과거의 일이므로 played가 알맞다.
20 ① → B: Yes, I am., Are you v-ing ~?에 대한 대답은
Yes, I am. 또는 No, I'm not.으로 한다.
21 '숙제를 하지 않던 중'이므로 과거진행시제의 부정문으로 쓴다.
22 앞에 Is가 있으므로 be going to로 '~할 예정이다'를
나타낸다.
▶ attend 참가하다 contest 대회
23 앞으로 할 일에 대해 말하고 있으므로 미래를 나타내는 will을
쓴다.
24 빈칸 뒤에 이어지는 말로 보아 No를 쓰며, Will ~?로
물었으므로 will not[won't]를 쓴다.
▶ in time 시간 맞춰
25 ⓐ v-ing형: -ie로 끝나는 동사는 ie를 y로 고치고 + -ing
ⓑ 「단모음+단자음」으로 끝나는 동사는 자음을 한 번 더 쓰고 +
-ing

서술형 내공 Up

p. 29

A 1 She does the laundry on Saturdays.
2 Was the teacher in the teachers' room?
3 Are you going to travel with your family?

B 1 I did not[didn't] miss the train
2 She was sitting
3 I will not[won't] make a mistake

C went, rode, was, ate, had

D 1 went swimming, read books
2 is studying math[studies math],
are practicing the piano[practice the piano]

E ⓐ → was ⓑ → didn't ⓒ → felt
ⓓ → will[am going to]

A 1 반복되는 일은 현재시제로 쓴다.
  ▶ do the laundry 빨래를 하다
2 be동사 과거형의 의문문: Was/Were+주어 ~?
3 be going to의 의문문: be동사+주어+going to+동사원형 ~?

B 1 일반동사 과거형의 부정문: did not[didn't]+동사원형
2 과거진행시제: was/were v-ing
3 will의 부정문: will not[won't]+동사원형
  ▶ make a mistake 실수를 하다

C Last Sunday로 보아 과거의 일이므로 모두 과거시제로 쓴다.

지난 일요일, 우리 가족은 놀이공원에 갔다. 우리는 바이킹과 워터 슬라이드를 탔다. 재미있었다. 우리는 점심으로 김밥과 샌드위치를 먹었다. 나는 정말로 즐거운 하루를 보냈!

  ▶ amusement park 놀이공원 ride (탈것을) 타다

D 1 Yesterday로 보아 과거의 일이므로 과거시제로 쓴다.
2 Now로 보아 현재 일어나고 있는 일이므로 현재진행시제로 쓰며, 현재시제도 가능하다.
  ▶ practice 연습하다

E ⓐ~ⓒ Last week로 보아 과거시제로 쓴다.
ⓓ Tomorrow로 보아 미래시제가 되어야 하므로 will 또는 be going to를 쓴다.

지난주, 나는 독감으로 몸이 아파서 학교에 가지 않았다. 나는 집에 혼자 있었고 슬펐다. 내일, 나는 학교로 돌아갈 것이다. 나는 다시 친구들과 선생님들을 만날 것이다. 나는 벌써 신이 난다!

  ▶ flu 독감 alone 혼자

문법정리 OX

p. 30

1 X, went → goes 2 O 3 X, Do → Did 4 X, driveing → driving 5 X, is not having → doesn't have 6 X, tells → tell 7 O 8 X, will going to → will[are going to]

Chapter 3
명사, 관사, 대명사

UNIT 1 명사와 관사
p. 32

A

Check-up

1 monkeys 2 feet 3 happiness 4 slices of cheese

B

1 나는 우산이 필요하다.
너는 한 시간 늦었다.
Lucy는 할머니께 일주일에 한 번 전화한다.
2 나는 샌드위치를 먹었다. 그 샌드위치는 정말 맛이 있었다.
그 책을 소리 내어 읽어라.
이 마을에 사는 사람들은 아주 친절하다.
3 James는 아침/점심/저녁을 먹고 있다.
나는 축구/테니스/야구를 했다.
그녀는 버스/택시/지하철/비행기로 여기에 올 것이다.
그들은 이메일/전화로 그에게 연락을 했다.
우리 오빠는 등교했다/잠자리에 들었다/예배를 보러 갔다.

Grammar Tips
우리 엄마는 그 학교 앞에 서 계셨다.

Check-up

1 X 2 an 3 X 4 The 5 a 6 the 7 X 8 an

UNIT 2 대명사
p. 34

A

1 Natalie는 반 학생들에게 자신을 소개했다.
우리는 우리 자신이 자랑스럽다.
2 내가 (직접) 빵을 구웠다.

Check-up

1 himself 2 themselves 3 (itself)

B

1 이 개는 나의 반려견인 Fido이다.
이 책을 가져가라.
이것들은 맛있는 컵케이크이다.
나는 이 신발을 좋아한다.
2 저것은 너의 새 자전거니?
나는 저 퍼즐을 풀었다.

저것들은 빈 상자들이다.
저 수학 문제들은 어렵다.

Check-up

1 That　**2** These　**3** Those　**4** This

C

1 그녀는 햄버거를 먹고 있다. 나도 하나 먹고 싶다.
내 청바지는 너무 작다. 나는 새것이 필요하다.
2 꽃들이 아름답다. 나는 몇 송이 살 것이다.
그는 이번 주말에 약간의 자유시간을 갖게 될 것이다.
사탕을 좀 먹을래?
냉장고에 우유가 조금도 없다.
너는 내일 계획이 있니? – 아니, 나는 아무런 계획이 없어.

Grammar Tips

그녀는 햄버거를 먹고 있다. 그것은 맛있어 보인다.
사람은 자신의 미래를 준비해야 한다.

Check-up

1 some　**2** any　**3** ones

D

흐리고 비가 많이 온다.
몇 시니? – 저녁 8시 30분이야.
우리 집까지는 3킬로미터다.
이 안은 어둡다.

Check-up

1 It is[It's] March 2.　**2** It is[It's] Tuesday.　**3** It is[It's] sunny.　**4** It is[It's] five o'clock.

내신 적중 테스트

p. 36

1 ⑤　**2** ⑤　**3** ③　**4** ④　**5** herself, ourselves
6 ①　**7** ⑤　**8** ④　**9** dictionaries　**10** ③　**11** ①
12 ①　**13** ②　**14** ⑤　**15** ④　**16** ⑤　**17** Are these your new skirts?　**18** the　**19** an　**20** ④　**21** ③
22 ②　**23** three slices of bread　**24** a bowl of soup　**25** ③

1 money는 셀 수 없는 명사이므로 앞에 a나 one을 쓸 수 없으며, 부정문이므로 any를 써야 한다.
2 socks는 복수이므로 Are those가 알맞다.
3 앞에 나온 명사(plates)와 같은 종류의 불특정한 것을 가리키는 말로 one의 복수형인 ones가 알맞다.
▶ plate 접시 cupboard 찬장
4 ④ → mice
5 • talk to oneself: 혼잣말을 하다
• enjoy oneself: 즐거운 시간을 보내다
6 ① → two pairs of sunglasses, sunglasses처럼 두 개가

한 쌍을 이루는 물건은 ~ pair(s) of를 이용해 수를 나타낸다.
▶ leaf 잎 turn ~로 변하다 field 들판
7 ⑤ → any, 부정문에는 some이 아닌 any를 쓴다.
8 ④ → by phone, 「by+통신수단」에서 통신수단 앞에는 관사를 쓰지 않는다.
9 '많은 종류의 사전'이므로 복수형으로 쓴다.
10 uniform의 u는 모음이지만 발음은 자음 소리가 나므로 앞에 a를 쓴다.
▶ onion 양파 igloo 이글루
11 paper는 '종이'의 의미일 때 셀 수 없는 명사이므로 be동사와 paper를 단수형으로 쓴다.
12 ② → benches, -ch로 끝나는 명사에는 -es를 붙인다.
③ → potatoes, -o로 끝나는 명사에는 -es를 붙인다.
④ → children, 불규칙 변화
⑤ → photos, -o로 끝나는 명사이지만 예외적인 경우
▶ peel (과일·채소 등의) 껍질을 벗기다
13 ① teas → tea ③ salts → salt ④ moneys → money
⑤ healths → health, 셀 수 없는 명사는 -s를 붙여 복수형을 만들 수 없다.
14 ① → It, 비인칭 주어 It ② → The, 앞에서 언급한 바로 그것 ③ → they are, these books = they ④ → any, 부정문에는 any를 쓴다.
▶ helpful 도움이 되는
15 make oneself at home: 편하게 있다
16 shoes는 ~ pair(s) of를 이용해 수를 나타낸다.
17 skirt가 복수형이 되면 Is this도 복수형으로 써야 한다.
18 Internet 앞에는 관용적으로 the를 쓴다.
19 '~마다'는 a/an으로 나타낸다.
20 ④는 강조용법(생략할 수 있음), 나머지는 모두 재귀용법(생략할 수 없음)
▶ express 표현하다
21 ③은 지시대명사 It(그것), 나머지는 모두 비인칭 주어 It
▶ Children's Day 어린이날
22 특정하지 않은 막연한 하나 앞에는 a를 쓰고, 이미 언급된 것 앞에는 the를 쓴다.
▶ secret 비밀
23 bread는 셀 수 없는 명사이므로 ~ slice(s) of 등을 이용해 수를 나타낸다.
24 soup은 셀 수 없는 명사이므로 ~ bowl(s) of 등을 이용해 수를 나타낸다.
25 운동경기 이름 앞에는 the를 쓰지 않는다.

서술형 내공 Up

p. 39

A 1 This movie is for children.
2 Do you have any questions about
3 I had some bread and milk for breakfast.

B 1 twice a month
　2 It is[It's] ten kilometers
　3 a book about himself

C 1 the　2 one

D 1 two pieces of, a pair of, a bottle of

E ⓐ → It　ⓑ → fun　ⓒ → presents

A 1 '이 ~'는 this로 나타내며, child의 복수형은 children이다.
　2 의문문에는 '약간의'의 뜻으로 주로 any를 쓴다.
　3 긍정문에서는 '약간의'의 뜻으로 some을 쓰며,
　　식사(breakfast) 앞에는 관사를 쓰지 않는다.

B 1 '~마다'는 a/an으로 나타낸다.
　2 거리를 나타낼 때는 비인칭 주어 It을 쓴다.
　3 '(막연한) 하나'를 나타낼 때 a/an을 쓰며, '~자신'을
　　나타내는 말로 주어의 행위의 대상이 주어 자신일 때
　　재귀대명사를 쓴다.
　▸ publish 출판하다

C 1 세상에 하나밖에 없는 것(sky), 수식어구(in the basket)로
　　특정된 것, 악기 이름(cello) 앞에는 the를 쓴다.
　2 앞에 나온 것과 같은 종류의 불특정한 사물을 가리킬 때
　　one을 쓴다.

D 종이를 나타내는 paper는 ~ piece(s) of, 쌍을 이뤄 쓰이는
　가위는 ~ pair(s) of, 물은 용기에 따라 ~ bottle(s) of 등으로
　수를 나타낸다.

E ⓐ (특정한) 날을 나타낼 때는 비인칭 주어 It을 쓴다.
　ⓑ 추상명사는 셀 수 없으므로 관사를 쓰지 않는다.
　ⓒ 셀 수 있는 명사는 복수형으로 쓸 때 주로 -(e)s를 붙인다.

Ann: Sam, 어제 무엇을 했니?
Sam: 어제는 내 생일이었어. 그래서 작은 파티를 했어.
Ann: 정말? 재미있었니?
Sam: 물론이야. 내 친구들이 오고, 나는 많은 선물을 받았어.
　　　정말로 행복했어.

▸ present 선물

문법정리 OX

p. 40

1 X, two → two pairs of　2 X, a → an　3 O　4 X, at the
school → at school　5 X, me → myself　6 X, This is →
These are　7 X, any → some　8 X, This → It

Chapter 4
형용사와 부사, 비교

UNIT 1 형용사와 부사　p. 42

A
1 그녀는 내게 무서운 이야기를 했다.
　나는 배가 고프다. 나는 맛있는 것을 원한다.
2 날씨가 정말 좋았다.
　그의 음악은 나를 행복하게 만든다.

Check-up
1 It is a hot day.
2 I saw somebody strange in front of the door.
3 The pasta in the restaurant was good.

B
책꽂이에 약간의 책이 있다.
Amy는 그 수업에 아는 사람이 거의 없다.
제 커피에는 설탕을 약간만 넣어주세요.
잔에는 물이 거의 없다.
Paul은 많은 야구 모자를 가지고 있다.
나는 시간이 많지 않다.

Check-up
1 little　2 many　3 a few

C
Jinsu는 매일 열심히 운동한다.
Sam은 매우 목이 말랐다.
저 롤러코스터는 아주 빨리 움직인다.
솔직히, 나는 너를 이해할 수가 없어.

Check-up
1 It is a very easy question.
2 Luckily, I passed the audition.
3 Jessie kicked the ball high into the air.

D
Jessica는 항상 오후에 졸린다.
당신의 친절을 절대 잊지 않을 거예요.
Alex는 자주 백화점에서 새 옷을 산다.

Check-up
1 She is often late for school.
2 We never watch TV on weekdays.
3 I will always think about Laura.

UNIT 2 비교 표현

A

Check-up

1 older, oldest 2 earlier, earliest 3 more expensive, most expensive 4 thinner, thinnest 5 better, best

B

이 집은 저 집만큼 크다.
그녀는 Liz만큼 바이올린을 잘 켠다.

Grammar Tips
이 컴퓨터는 저것만큼 비싸지 않다.

Check-up

1 as cold as 2 as fast as 3 not as big as

C

이메일은 편지보다 더 빠르다.
액션 영화는 드라마보다 더 흥미진진하다.

More Grammar
오늘은 어제보다 훨씬 더 시원하다.

Check-up

1 bigger 2 longer 3 more intelligent 4 larger
5 heavier

D

1 나일 강은 세계에서 가장 긴 강이다.
겨울은 4계절 중 가장 춥다.
2 이것은 그 도시에서 가장 오래된 건물 중 하나이다.
Ellen은 우리 학교에서 가장 똑똑한 학생 중 하나이다.

Check-up

1 the most popular student
2 one of the most interesting parts
3 the funniest comedian

내신 적중 테스트

1 ③ 2 ② 3 ① 4 ⑤ 5 ④ 6 ④ 7 ③
8 ⑤ 9 ⑤ 10 ① 11 ② 12 I seldom read books in bed. 13 ⑤ 14 ⑤ 15 ③ 16 ③
17 ③ 18 a very pretty girl 19 usually walks fast
20 warmer than 21 the happiest 22 ⑤ 23 ③
24 heavily, better, most 25 ②

1 주어를 보충 설명하는 형용사를 써야 한다.

2 비교급+than ~: ~보다 …한
▸ friendship 우정

3 as+원급+as ~: ~만큼 …한

4 one of the+최상급+복수명사: 가장 ~한 …중의 하나

5 beautiful의 최상급은 most beautiful이며, 최상급 앞에는 the를 쓴다.
▸ necklace 목걸이

6 동사(talked)는 부사가 수식한다. friendly는 형용사이다.

7 명사(friend)는 형용사가 수식한다. well은 부사이다.

8 very는 비교급을 강조할 수 없다.

9 동사(moved)를 수식하는 부사 carefully가 알맞다.

10 a few+셀 수 있는 명사의 복수형: 약간의 ~

11 little+셀 수 없는 명사: 거의 없는 ~

12 빈도부사는 일반동사 앞에 쓴다.

13 ⑤ famous anyone → anyone famous, anyone은 형용사가 뒤에서 수식한다.

14 ⑤ wears usually → usually wears, 빈도부사는 일반동사 앞에 쓴다.
▸ give up (~을) 포기하다

15 ③ popularly → popular, 동사 뒤에서 주어를 보충 설명할 때는 형용사를 쓴다.
▸ quickly 빨리

16 ① smarter → smart ② best → good ④ soft → softer
⑤ the 삭제

17 -thing으로 끝나는 말은 형용사가 뒤에서 수식한다.
▸ carry 나르다, 들고 가다

18 명사(girl)는 형용사(pretty)가 수식하고, 형용사는 부사(very)가 수식한다.

19 빈도부사는 일반동사 앞에 쓰며, fast(빠른)는 부사형도 fast(빨리)이다.

20 warm의 비교급은 warmer이며, 다른 대상과 비교할 때는 than을 쓴다.

21 happy의 최상급은 happiest이며, 최상급 앞에는 the를 쓴다.

22 ⑤ complains always → always complains, 빈도부사는 일반동사 앞에 쓴다.
▸ neighbor 이웃 noisy 시끄러운 complain 불평하다

23 동사(went)를 수식하는 부사 late(늦게), 동사(studied)를 수식하는 부사 hard(열심히), 명사(score)를 수식하는 형용사 high(높은)가 알맞다.
▸ hardly 거의 ~ 않다 lately 최근에

24 • 형용사 : 부사 • 원급 : 비교급 • 비교급 : 최상급

25 '과학은 수학만큼 어렵지 않다'는 '수학이 과학보다 더 어렵다'는 뜻이다.

A　1 He is nicer than his brother.
　　2 The car has a little gas.
　　3 The children crossed the street safely.

B　1 is something wrong
　　2 one of the cheapest bags
　　3 a lot hotter than

C　ⓐ → cities　ⓒ → busy

D　1 usually rides her bike
　　2 sometimes bakes cookies
　　3 always walks her dog

E　1 as heavy as a rock
　　2 strong boy
　　3 I'm the strongest

A　1 비교급+than ~: ~보다 …한
　　2 a little+셀 수 없는 명사: 조금 있는 ~
　　　▶ gas 휘발유, 기름
　　3 동사(crossed)는 부사(safely)가 수식한다.
　　　▶ cross 건너다　safely 안전하게

B　1 something은 형용사가 뒤에서 수식한다.
　　2 one of the+최상급+복수명사: 가장 ~한 …중의 하나
　　3 a lot은 비교급 앞에서 비교급을 강조한다.

C　ⓐ one of the+최상급+복수명사: 가장 ~한 …중의 하나
　　ⓒ not as+원급+as ~: ~만큼 …하지 않은

나는 서울 출신이다. 그곳은 세계에서 가장 바쁜 도시 중
하나이다. 하지만 이 섬에 사는 사람들은 일을 천천히 한다.
그들은 서울 사람들만큼 바쁘지 않다. 서두르는 사람이 거의
없다. 이 섬은 내가 살던 도시와는 매우 다르다.

　　　▶ island 섬　in a hurry 바쁜, 급한

D　빈도부사의 빈도의 정도는 always, usually, sometimes
　　순이며, 빈도부사는 일반동사 앞에 쓴다.
　　　▶ ride a bike 자전거를 타다　along ~을 따라
　　walk a dog 개를 산책시키다

E　ⓐ as+원급+as ~: ~만큼 …한
　　ⓑ 형용사(strong)는 명사(boy)를 수식한다.
　　ⓒ strong의 최상급은 strongest이며, 최상급 앞에는 the를
　　쓴다.

Kate: 아, 이 박스는 바위만큼 무거워.
Tom: 걱정하지 마. 내가 너를 위해 그것을 들어줄게.
Kate: 와. 너는 정말 힘이 센 소년이구나.
Tom: 고마워. 나는 우리 반에서 가장 힘이 세.

1 X, loudly → loud　2 X, a few → a little　3 X, good →
well　4 X, hardly → hard　5 X, writes often → often
writes　6 X, more → much　7 O　8 X, most bad →
worst

Chapter 5
조동사

UNIT 1　can, may　　　　p. 52

A

1　나는 매일 영어를 공부한다.
　　나는 영어를 공부해야 한다. 시험이 내일이다.
2　그녀는 다음 주에 치과에 갈 것이다.
　　내 개는 온종일 잘 수 있다.
　　나는 스파게티를 요리할 것이다[요리할 수 있다].
　　수업 중에는 이야기하면 안 된다.
　　너의 오빠는 수영을 잘 할 수 있니?

Check-up

1 be　2 will　3 must not touch　4 go　5 will 또는
should　6 visit　7 I speak

B

1　Sam은 네 개의 언어를 구사할 수 있다.
　　나는 이 게임을 내려받을 수 없다.
　　너는 드럼을 연주할 수 있니? – 응, 할 수 있어. / 아니, 할 수
　　없어.
2　여기에서는 사진을 찍어도 돼.
　　Mark, 내가 돈을 좀 빌려도 될까? – 응, 그래도 돼. / 아니,
　　그럴 수 없어.

Grammar Tips

Jenny는 그 경주를 이길 수 있었다.
여기에 서명해 주시겠습니까?

Check-up

1 can[is able to] sing　2 Can I open
3 can't[cannot] go　4 could[were able to] stay

C

1 그녀는 너보다 나이가 더 많을지도 모른다.

네가 옳지 않을지도 모른다.

2 이제 교실에서 나가도 됩니다.

실례지만, 제가 화장실을 사용해도 될까요? – 네, 그러세요. /
아니요, 그러실 수 없어요.

Check-up

1 may be　**2** may bring　**3** may not believe
4 May, try　**5** may not enter

UNIT 2 must, have to, should　p. 54

A

1 우리는 더 빨리 걸어야 한다.

여기에 음식을 가져와서는 안 됩니다.

2 우리 오빠는 지금 집에 있음이 틀림없다.

이 신발은 비싼 것임이 틀림없다.

Grammar Tips

저 영화는 흥미로운 게 틀림없다. ↔ 저 영화는 흥미로울 리가 없다.

Check-up

1 must not be　**2** must change　**3** must not eat
4 must like

B

1 Rebecca는 이 프로젝트를 끝마쳐야 한다.

너는 오늘 이 책을 반납해야 한다.

2 당신은 예약을 하지 않아도 됩니다.

그가 그 문을 잠가야 하나요? – 네, 그래요. / 아니요, 그렇지
않아요.

More Grammar

너는 지금 떠나야 한다.

너는 지금 떠나서는 안 된다.

그 이야기는 사실임이 틀림없다.

그 이야기는 사실일 리가 없다.

너는 그 수업을 들어야 한다.

너는 그 수업을 들을 필요가 없다.

Grammar Tips

그는 일요일에 일해야 했다.

Check-up

1 doesn't have to worry　**2** Do I have to wait　**3** had to
answer　**4** have to help　**5** don't have to apologize

C

너는 물을 많이 마셔야 한다.

너는 교실에서 휴대 전화를 사용해서는 안 된다.

제가 오늘 이 숙제를 끝내야 하나요? – 응, 그래. / 아니, 그렇지

않아.

Check-up

1 should go　**2** shouldn't climb　**3** should eat
4 shouldn't talk　**5** should study　**6** Should, take

내신 적중 테스트　p. 56

1 ②　**2** ③　**3** ②　**4** ⑤　**5** may　**6** should
not[shouldn't]　**7** are able to　**8** ①　**9** ④
10 ③　**11** ④　**12** ④　**13** ④　**14** ②　**15** ③
16 Kevin has to take after-school classes.
17 They were not[weren't] able to catch the thief.
18 ②　**19** ④　**20** should see it　**21** must be
busy　**22** don't have to cook　**23** ⑤　**24** ②
25 ④

1 '~해도 된다'라는 의미를 가진 can이 알맞다.
2 조동사 뒤에는 동사원형을 쓴다.
3 '~임이 틀림없다'라는 의미를 가진 must가 알맞다.
　　▶ thirsty 목이 마른
4 be able to의 부정은 be not able to이다.
5 '~일지도 모른다'는 may로 표현할 수 있다.
6 '~하면 안 된다'는 should not[shouldn't]로 표현할 수 있다.
7 '~할 수 있다'는 be able to로 표현할 수 있으며, 주어가 3인칭
복수이고 현재시제일 경우 are able to로 쓴다.
8 ① → may not be, 조동사의 부정문: 조동사+not+동사원형
　　▶ cafeteria 구내식당　sweet 단 음식, 사탕
9 ④ comes → come, 조동사 뒤에는 동사원형을 쓴다.
10 ③ Are you be able to → Are you able to, be able
to의 be동사가 의문문에서 문두로 오면 be는 다시 쓰지
않는다.
　　▶ fix 수리하다
11 '~일 리가 없다'는 can't로 표현한다.
12 조동사의 의문문: 조동사+주어+동사원형 ~?
13 has to가 쓰인 문장의 의문문: Does+주어+have to ~?
14 ② → B: Yes, you may., May I ~?에는 Yes, you may. /
No, you may not.으로 대답한다.
　　▶ cancel 취소하다
15 could는 공손한 부탁 또는 과거의 능력을 나타낼 때 쓸 수
있다.
16 must는 have to로 바꿔 쓸 수 있으며, 주어가 3인칭
단수이므로 has to로 쓴다.
　　▶ after-school 방과 후의
17 can't는 be not able to로 바꿔 쓸 수 있으며, 주어가 3인칭
복수이고 과거시제이므로 were not[weren't] able to로
쓴다.
　　▶ catch 잡다
18 '~하면 안 된다'는 「must not+동사원형」으로 쓸 수 있다.
19 '~할 필요가 없다'는 don't have to이며, 주어가 3인칭

단수이므로 doesn't have to를 쓴다.

▶ attend 참석하다 meeting 회의

20 should는 '~해야 한다'의 뜻이다.

21 must는 '~임이 틀림없다'의 뜻으로 쓸 수 있다.

▶ answer (전화를) 받다

22 don't have to는 '~할 필요가 없다'의 뜻이다.

▶ eat out 외식하다

23 ⑤는 강한 추측을 나타내며, 나머지는 모두 의무를 나타낸다.

▶ fasten one's seatbelt 안전벨트를 매다 appointment 약속

check out (호텔 등에서) 체크아웃하다[나가다]

24 ②는 허가를 나타내며, 나머지는 모두 능력을 나타낸다.

▶ tuna 참치

25 ④는 추측을 나타내며, 나머지는 모두 허가를 나타낸다.

▶ during ~동안에 broken 고장 난

서술형 내공 Up p. 59

A 1 His story may be a lie.
2 I had to walk in the heavy rain.
3 We couldn't find Jessica anywhere.

B 1 Will you buy the book
2 must not watch this movie
3 Emma is able to tie

C 1 should study 2 can watch 3 won't talk

D should, must not, can

E ⓐ should not[shouldn't] talk loudly
ⓑ should give their seats to elderly people

A 1 may: ~일지도 모른다
2 have to의 과거형: had to

▶ heavy rain 폭우

3 could의 부정형: couldn't[could not]

▶ anywhere 어디에서도

B 1 조동사의 의문문: 조동사+주어+동사원형 ~?

▶ bookstore 서점

2 must의 부정형: must not
3 be able to+동사원형: ~할 수 있다

▶ tie 묶다

C 1 should+동사원형: ~해야 한다

▶ grade 성적 exam 시험

2 can+동사원형: ~해도 된다
3 won't+동사원형: ~하지 않을 것이다

D should: ~해야 한다, must not: ~해서는 안 된다,
can: ~할 수 있다

의사의 조언

살을 빼려면, 건강에 좋은 음식을 먹어야 합니다. 초콜릿이나 쿠키 같은 지방이 많은 간식을 먹어서는 안 됩니다. 하지만 견과류는 먹어도 좋습니다. 견과류는 살을 빼는 데 도움이 될 수 있습니다.

▶ lose weight 살이 빠지다 fatty 지방이 많은 nut 견과
helpful 도움이 되는

E ⓐ should not: ~해서는 안 된다 ⓑ should: ~해야 한다

나는 학교에 갈 때 지하철을 탄다. 나는 거기에서 무례한 사람들을 많이 본다. 어떤 사람들은 큰 소리로 말한다. 그들은 큰 소리로 말하지 말아야 한다. 다른 사람들은 그들의 자리를 나이 드신 분께 양보하지 않는다. 그들은 그들의 자리를 나이 드신 분들께 양보해야 한다.

▶ rude 무례한 seat 자리, 좌석 elderly 나이가 드신

문법정리 OX p. 60

1 X, plays → play 2 X, will can → will be able to 또는 will[can] 3 X, didn't → wasn't 4 O 5 X, must went → had to go 6 X, have to → has to 7 O 8 X, don't should → should not[shouldn't]

Chapter 6
to부정사와 동명사

UNIT 1 to부정사 p. 62

A

1 야구 경기를 보는 것은 재미있다.
학교에 지각하지 않는 것은 중요하다.
2 나는 오늘 밤에 커피숍에서 공부할 계획이다.
우리는 여름에 수영하러 가는 것을 좋아한다.
3 그의 직업은 차를 수리하는 것이다.
오늘 나의 계획은 나의 숙제를 끝마치는 것이다.

Check-up

1 주어 2 보어 3 목적어 4 목적어 5 주어 6 보어

B

Jim은 읽을 책을 가지고 있다.
나는 나를 도와줄 누군가가 필요하다.
우리에게 먹을 만한 뜨거운 것을 주시겠어요?

Check-up

1 time to eat dinner   2 a new game to play
3 someone tall to change the light

C

1 나는 더 나은 성적을 받기 위해 열심히 공부했다.
  그는 다큐멘터리를 시청하기 위해 텔레비전을 켰다.
2 우리는 게임에서 이겨 행복했다.
  그 아이는 선물을 받아서 기뻤다.
3 Naomi는 자라서 유명한 모델이 되었다.
  우리 할머니는 100살 넘게 사셨다.

Check-up

1 그들은 자라서 훌륭한 과학자가 되었다.
2 우리는 그 소식을 듣고 슬펐다.
3 우리 선생님은 우리를 테스트하기 위해 질문들을 하신다.

UNIT 2 동명사   p. 64

A

1 일찍 일어나는 것은 어렵다.
  책을 읽는 것은 중요하다.
2 Peter는 저 식당에서 먹는 것을 좋아한다.
  나는 작년에 열심히 공부하지 않은 것을 후회한다.
3 그의 나쁜 버릇 중 하나는 다리를 떠는 것이다.
  그녀가 가장 좋아하는 활동은 축구를 하는 것이다.

Grammar Tips

Minji는 영어로 말하는 것을 잘한다.
저희를 초대해 주셔서 감사합니다.

Check-up

1 Smoking cigarettes   2 going to a movie
3 imagined winning   4 is drawing

B

나는 백화점에 쇼핑을 하러 갔다.
그녀는 중간고사를 준비하느라 바빴다.

Check-up

1 이 스마트폰은 비싸지만, 그것은 살 만한 가치가 있다.
2 나는 이번 겨울에 스키 타러 가고 싶다.
3 Jack은 그 농담에 웃지 않을 수 없었다.

C

1 Laura는 선풍기 끄는 것을 개의치 않았다.
2 그는 미국에서 공부할 계획을 세우고 있다.
3 그녀는 플루트를 배우기 시작했다.
  나는 몇 년 전에 Julie를 만났던 것을 기억한다.
  시청 앞에서 Julie를 만날 것을 기억해라.
  Joe는 지난주에 그 책을 빌렸던 것을 잊었다.
  너는 내일 그 책을 반납할 것을 잊어서는 안 된다.

Check-up

1 writing   2 to visit   3 to call   4 eating

내신 적중 테스트   p. 66

1 ③   2 ③   3 ⑤   4 ④   5 ④   6 ②   7 ⑤   8 ②
9 to turn off   10 ④   11 ④   12 can't help looking
13 to avoid   14 decided not to   15 ③   16 ③
17 ④   18 ④   19 in order to   20 ④   21 ③
22 ④   23 ②   24 Being on time is important.
25 It is great to sleep outdoors.[To sleep
outdoors is great.]

1 앞의 명사구(a dress)를 수식하는 형용사적 용법의
  to부정사이다.
2 finish는 동명사를 목적어로 취한다.
3 to부정사가 주어로 쓰일 때는 보통 It ~ to-v의 형태로 쓴다.
  ▶ perfect score 만점
4 전치사(about)의 목적어로 동명사를 쓴다.
5 be busy v-ing: ~하느라 바쁘다
6 remember v-ing: (과거에) ~했던 것을 기억하다
7 enjoy는 동명사를 목적어로 취한다.
  ▶ countryside 시골 지역
8 promise는 to부정사를 목적어로 취한다.
9 forget to-v: (미래에) ~할 것을 잊다
  ▶ save 절약하다
10 ④ → to tell, 앞의 명사구(some good news)를 수식하는
   형용사적 용법의 to부정사
11 ④ → opening, mind는 동명사를 목적어로 취한다.
12 can't help v-ing: ~하지 않을 수 없다
13 목적을 나타내는 to부정사의 부사적 용법(~하기 위해서)
   ▶ sunlight 햇빛
14 decide는 to부정사를 목적어로 취하고, to부정사의 부정은
   not to-v이다.
15 • 보어 역할을 하는 to부정사의 명사적 용법
   • 목적을 나타내는 to부정사의 부사적 용법(~하기 위해서)
16 주어 역할을 하는 동명사 Making 또는 It ~ to-v를 이용한다.
17 -thing/-one/-body+형용사+to-v
18 ① Read → Reading[To read] ② to making → to
   make ③ leave → to leave ⑤ don't → not
19 목적을 나타내는 to부정사는 in order to로도 쓸 수 있다.

▸ relieve (스트레스 등을) 덜어주다

20 • 결과를 나타내는 to부정사의 부사적 용법((~해서) …하다)
 • feel like v-ing: ~하고 싶다

21 ③은 to부정사의 부사적 용법(목적), 나머지는 모두 명사적
 용법(목적어 역할)

22 ④는 to부정사의 명사적 용법(보어 역할), 나머지는 모두
 형용사적 용법

23 보기와 ①, ③, ④, ⑤는 to부정사의 부사적 용법(감정의 원인),
 ②는 명사적 용법(주어 역할)
 ▸ afraid 두려워하는 shocked 충격을 받은

24 It ~ to-v의 진주어 to-v는 주어 역할을 하는 동명사로 바꾸어
 문장 맨 앞에 쓸 수 있다.

25 동명사는 주어 역할을 하는 to부정사로 바꿔 쓸 수 있다.
 to부정사가 주어로 올 때는 보통 It ~ to-v의 형태로 쓴다.
 ▸ outdoors 야외에서

서술형 내공 Up
p. 69

A 1 She promised not to tell a lie.
 2 Listening to others is important.
 3 I need something cold to drink.

B 1 I couldn't help feeling
 2 Nancy grew up to become
 3 He forgot brushing his teeth

C ⓑ → decided to see

D 1 to take care of[taking care of] dogs
 2 drawing cartoons
 3 to play soccer
 4 to visit the science museum

E ⓐ → to go ⓑ → to apologize ⓒ → to hear

A 1 promise는 to부정사를 목적어로 취하고, to부정사의
 부정은 not to-v이다.
 2 주어 역할을 하는 동명사
 3 -thing+형용사+to-v

B 1 can't help v-ing: ~하지 않을 수 없다
 2 결과를 나타내는 to부정사의 부사적 용법((~해서) …하다)
 ▸ photographer 사진작가, 사진사
 3 forget v-ing: (과거에) ~했던 것을 잊다

C decide는 to부정사를 목적어로 취한다.

 어제 나는 영화를 보고 싶었다. 그래서 나는 내 남동생과 함께
 극장에 갔다. 우리는 무서운 영화를 보기로 결정했다. 영화는
 아주 재미있었다. 그것은 볼 만한 가치가 있었다.

 ▸ scary 무서운

D 1 start는 의미 차이 없이 to부정사와 동명사를 모두 목적어로

취한다.

 2 enjoy는 동명사를 목적어로 취한다.
 3 목적을 나타내는 to부정사의 부사적 용법(~하기 위해서)
 4 to부정사가 주어로 올 때는 보통 It ~ to-v의 형태로 쓴다.
 ▸ take care of ~을 돌보다 playground 운동장

E ⓐ 앞의 명사(time)를 수식하는 형용사적 용법의 to부정사
 ⓑ want는 to부정사를 목적어로 취한다.
 ⓒ 감정의 원인을 나타내는 to부정사의 부사적 용법(~해서,
 ~하니)

아빠: 너 자고 있지 않니? 이제 잘 시간이란다.
Tom: 잠을 잘 수가 없어요, 아빠. 가장 친한 친구 Sujin이와
 싸웠어요. 그것이 정말 후회돼요.
아빠: 그 아이에게 사과하고 싶니?
Tom: 네, 그래요. 내일 그 애에게 사과할래요.
아빠: 그 얘기를 들으니 기쁘구나.

 ▸ have a fight with ~와 싸우다

문법정리 OX
p. 70

1 X, get → to get 2 O 3 X, saying → to say 4 O
5 X, Learn → Learning 6 X, hike → hiking 7 X, to
write → writing 8 X, meeting → to meet

Chapter 7
문장의 형식 및 종류

UNIT 1 문장의 형식
p. 72

A
그녀가 미소를 짓는다.
우리 아버지는 침대에서 주무셨다.

Check-up
1 The sun rises in the east.
2 The boy studies hard.
3 Emily runs very fast.

B

Jeremy는 좋은 사람이다.
그 소녀는 행복해 보인다.

More Grammar
그것은 흥미진진하게 들린다.
그 치즈는 맛이 좋지 않다.

Check-up
1 The cat feels soft. 그 고양이는 (촉감이) 부드럽다.
2 He is a travel writer. 나의 오빠는 여행을 많이 한다. 그는
   여행 작가이다.
3 You look sad this morning. 너는 오늘 아침에 슬퍼
   보인다.

C

James는 재미있는 책을 읽었다.
그들은 컴퓨터 게임을 좋아한다.

Check-up
1 He met his friends.
2 She watched a scary movie.
3 I read a newspaper.

D

Anna는 나에게 이메일을 보냈다.
나는 그에게 새 옷을 사주었다.

More Grammar
나는 그녀에게 사탕을 몇 개 주었다.
John은 나에게 스웨터를 만들어 주었다.
그들은 나에게 부탁을 하나 했다.

Check-up
1 for me   2 to us   3 to me

E

우리는 우리 개를 Toby라고 부른다.
그 노래는 나를 슬프게 한다.
나는 네가 여기에 머무르기를 바란다.

Grammar Tips
그는 그 뮤지컬이 재미있다는 것을 알게 되었다. (→ 그 뮤지컬은 재미있다.)

Check-up
1 made them happy   2 told us, open
3 called him a liar

UNIT 2 문장의 종류 p. 74

A

네가 가장 좋아하는 가수는 누구니?
너는 저녁에 무엇을 하니?
너는 고양이와 개 중에 어떤 것을 더 좋아하니?
너는 언제 유럽에 갈 거니?
너는 이 재킷을 어디에서 샀니?
그는 그 답을 어떻게 찾았니?
너는 어젯밤에 왜 늦었니?

Grammar Tips
너는 누구를 만났니?
저것은 누구의 전화기이니?
지금 몇 시니?
어떤 가방이 너의 것이니?
그는 몇 살이니?
너는 얼마나 많은 책을 가지고 있니?
너는 얼마나 자주 운동을 하니?

Check-up
1 How   2 Why   3 Where

B

1 너는 등산을 하고 싶니 아니면 바다에 가고 싶니? – 나는
   바다에 가고 싶어.
   너는 록 음악과 클래식 음악 중 어느 것을 더 선호하니? – 나는
   록 음악을 선호해.
2 그들은 배우가 아니야, 그렇지? – 아니, 그들은 배우야. / 응,
   그들은 배우가 아니야.
   너는 그 시트콤을 봤지, 그렇지 않니? – 응, 봤어. / 아니, 보지
   않았어.

More Grammar
Julie는 매운 음식을 좋아하지 않아, 그렇지?
그는 우리 과학 선생님이었어, 그렇지 않니?
우리는 디즈니랜드에 갈 수 있어, 그렇지 않니?
너는 코코아를 원하지, 그렇지 않니?

3 그들은 네 친구들이 아니니? – 아니, 그들은 내 친구들이야. /
   응, 그들은 내 친구들이 아니야.
   너는 마음을 바꾸지 않을 거니? – 아니, 나는 마음을 바꿀
   거야. / 응, 나는 마음을 바꾸지 않을 거야.
   그녀는 점심을 먹지 않았니? – 아니, 그녀는 점심을 먹었어. /
   응, 그녀는 점심을 먹지 않았어.

Check-up
1 isn't he   2 Didn't Minho   3 Which, juice or tea

C

1 창문을 열어 주세요.
2 소리를 내지 마라.

3 잠시 쉬자.
저 식당에 다시는 가지 말자.

Grammar Tips
열심히 공부해라, 그러면 너는 성공할 것이다.
열심히 공부해라, 그렇지 않으면 너는 그 시험을 통과하지 못할 것이다.

Check-up

1 Don't fight   2 go   3 Let's not 또는 Don't

D

1 (그녀는) 아주 아름다운 공주다!
2 (그 곰은) 정말 크구나!

Grammar Tips
그녀는 참 멋진 모자들을 가졌구나!

Check-up

1 What an exciting concert   2 How fast time goes

내신 적중 테스트

p. 76

1 ②   2 ③   3 ⑤   4 ③   5 ⑤   6 ⑤   7 bought
snacks for   8 showed my mother   9 ④   10 ②
11 ④   12 ④   13 ③   14 ③   15 ④   16 brave
they are   17 ⑤   18 ④   19 ③   20 ④   21 ②
22 Don't   23 and   24 Let's not   25 doesn't he

1 give는 간접목적어가 직접목적어 뒤에 올 때 간접목적어 앞에 전치사 to를 쓴다.
2 make는 간접목적어가 직접목적어 뒤에 올 때 간접목적어 앞에 전치사 for를 쓴다.
3 '누구'는 의문사 who로 나타낸다.
4 Let's+동사원형 ~: ~하자
5 감각동사(sound)는 보어로 형용사가 온다.
6 「주어+동사+간접목적어+직접목적어」에서 간접목적어는 목적격 형태로 쓴다.
7 buy는 간접목적어가 직접목적어 뒤에 올 때 간접목적어 앞에 전치사 for를 쓴다.
8 「간접목적어+직접목적어」의 어순으로 쓸 때는 간접목적어 앞에 전치사를 쓰지 않는다.
   ▶ report card 성적표
9 ④ → didn't he, 부가의문문은 앞의 평서문과 같은 시제로 쓴다.
   ▶ actress 여배우
10 ② → B: I don't have any plans., 의문사로 시작하는 의문문에는 Yes/No로 대답하지 않는다.
11 ④ → B: Yes, she does. / No, she doesn't., 부가의문문에 대답하는 내용이 긍정이면 Yes, 부정이면 No로 대답한다.
   ▶ graduate 졸업하다
12 ④ well → good, 감각동사(feel)는 보어로 형용사가 온다.

▶ excited 신이 난 police officer 경찰관

13 ③ us to wine → us wine 또는 wine to us, bring은 뒤에 간접목적어와 직접목적어를 쓸 때 「간접목적어+직접목적어」 또는 「직접목적어+to+간접목적어」의 어순으로 쓴다.
   ▶ polite 공손한
14 '~에 있다'는 be at ~이므로 부정의문문의 과거형으로 Weren't you ~?를 쓰는 것이 알맞다.
15 감탄문은 「What+a(n)+형용사+명사+(주어+동사)!」 또는 「How+형용사/부사+(주어+동사)!」로 쓴다.
16 감탄문은 「What+a(n)+형용사+명사+(주어+동사)!」 또는 「How+형용사/부사+(주어+동사)!」로 쓴다.
17 send는 뒤에 간접목적어와 직접목적어를 쓸 때 「간접목적어+직접목적어」 또는 「직접목적어+to+간접목적어」의 어순으로 쓴다.
18 make 뒤에 「목적어+목적격보어」를 쓸 때 목적어는 목적격 형태로 쓰며 목적격보어로 부사는 쓸 수 없다.
19 ① aren't late → are late 또는 aren't we → are we
   ② wasn't → didn't   ④ Weren't → Didn't
   ⑤ and → or
20 부가의문문은 대답하는 내용이 부정이면 No로 대답한다.
   ▶ horror movie 공포 영화
21 부정의문문은 대답하는 내용이 긍정이면 Yes로 대답한다.
22 Don't+동사원형 ~: ~하지 마라
   ▶ break one's promise 약속을 어기다
23 명령문, and ...: ~해라, 그러면 …할 것이다
   ▶ regularly 규칙적으로
24 Let's not+동사원형 ~: ~하지 말자
25 평서문의 주어 Jason의 대명사는 he이고, goes가 일반동사의 현재형이므로 부가의문문은 doesn't he?로 쓴다.

서술형 내공 Up

p. 79

A 1 She asked the teacher many questions.
  2 Please keep the door open.[Keep the door open, please.]
  3 Where will you go on vacation?

B 1 made us pizza[made pizza for us]
  2 called her a hero
  3 a kind man he is

C ⓐ → How pretty she is!   ⓑ → don't you
  ⓒ → Don't you[Didn't you]   ⓓ → Who is

D 1 weren't, was 2 Which, or

E 1 The soup smells delicious.
  2 She tells me her secrets.
  3 We ate a big dinner.

A 1 「간접목적어+직접목적어」의 어순으로 쓸 때는 간접목적어

앞에 전치사를 쓰지 않는다.

2 동사원형 ~: ~해라, keep의 목적격보어로 온 형용사 open

3 의문사가 있는 의문문: 의문사+조동사+주어 ~?

B **1** make는 뒤에 「간접목적어+직접목적어」 또는
「직접목적어+for+간접목적어」로 쓸 수 있다.

2 call은 목적격보어로 명사(구)를 쓴다.

3 감탄문: What+a(n)+형용사+명사+(주어+동사)!

C ⓐ How+형용사/부사+(주어+동사)!

ⓑ like가 일반동사의 현재형이므로 부가의문문은 don't
you?로 쓴다.

ⓒ know가 일반동사이므로 부정의문문은 Don't you[Didn't
you]로 시작한다.

ⓓ 주어(your girlfriend)가 단수이므로 is를 쓴다.

Seho: 저기에 Jina가 있다. 그녀는 정말 예뻐!
Bomi: 너는 그녀를 좋아하는구나, 그렇지 않니?
Seho: 아니야! 너 모르니? 나는 여자 친구가 있어.
Bomi: 몰랐어. 너의 여자 친구는 누구니?

D **1** You were ~에 대한 부가의문문은 weren't you?로 쓴다.

2 둘 중에서 '어떤 것'을 물어보는 것이므로 의문사 Which,
선택의문문이므로 or를 쓴다.

▶ comic book 만화책 essay 수필 of course 물론

E **1** 감각동사 뒤에는 보어로 형용사를 쓴다.

2 「간접목적어+직접목적어」의 어순으로 쓸 때는 간접목적어
앞에 전치사를 쓰지 않는다.

3 동사 ate 뒤에 목적어가 온 문장 형태이다.

문법정리 OX
p. 80

1 X, strangely → strange **2** X, to her → her **3** X, to →
for **4** X, happily → happy **5** O **6** X, aren't → can't
7 X, not → don't **8** X, How → What

Chapter 8
전치사와 접속사

UNIT 1 전치사
p. 82

A

1 우리 엄마는 거실에서 TV를 보고 계신다.
Luke는 공항에서 그의 누나를 만날 것이다.
소파에 두 개의 쿠션이 있다.

2 램프가 탁자 위에 걸려 있었다.
Dan은 의자 아래에서 자신의 지갑을 발견했다.

3 꽃집 앞에서 만나자.
내 친구는 그 차 뒤에 서 있다.

4 야구장은 영화관 옆에 있다.
거대한 조각상이 공원 맞은편에 서 있다.

Grammar Tips

그녀는 내 옆에 앉아 있다.

Check-up

1 in **2** in front of **3** on **4** under **5** across from

B

1 이 열차는 아침 8시에 떠난다.
Jim은 그의 생일에 아주 맛있는 저녁을 먹었다.

2 오전 9시 전에 사무실로 오세요.
방과 후에 축구를 하는 것이 어때?

3 오전 9시에서 11시 사이에 저에게 전화하시면 됩니다.
점심시간은 오후 12시부터 1시까지이다.

Grammar Tips

그 식당은 서점과 커피숍 사이에 있다.
나는 뉴욕에서 보스턴까지 버스를 탔다.
Sam은 두 시간 동안 낮잠을 잤다.
나는 방학 동안 유럽에 갈 것이다.

Check-up

1 in autumn **2** on Children's Day **3** between 3 p.m.
and **4** from 9 a.m. to **5** before class

UNIT 2 접속사
p. 84

A

1 나는 오늘 아침 식사로 시리얼과 우유를 먹었다.
Sumi는 부산 출신이고 피아노를 잘 친다.

2 이 귀걸이들은 아름답지만 너무 비싸다.
Brian은 춤추는 것을 좋아하지만, 노래하는 것은 좋아하지

않는다.
3 너는 커피와 녹차 중 어느 것을 선호하니?
  너는 나에게 전화를 하거나 이메일을 보내면 된다.
4 나는 배가 고파서 샌드위치를 먹었다.
  내 컴퓨터가 고장이 나서, 나는 숙제를 할 수 없었다.

Grammar Tips
나는 책상, 의자 그리고 등을 옮겼다.

Check-up

1 or 2 and 3 or 4 but 5 so 6 and 7 but

B

1 내가 보스턴에 있을 때, 나는 하버드 대학을 방문했다.
  이 수영장에서 수영을 할 때는 수영 모자를 써라.
2 길을 건너기 전에, 양쪽을 보아라.
  나가기 전에 창문을 닫는 것을 기억해라.
3 우리는 저녁을 먹은 후 영화관으로 갔다.
  나는 졸업한 후에 자동차 디자이너가 되고 싶다.
4 그녀는 아팠기 때문에 학교에 결석했다.
  비가 내리기 때문에 우리는 소풍을 갈 수 없다.
5 서두르지 않으면, 너는 비행기를 놓칠 것이다.
  마음에 든다면 그 스웨터를 입어 봐라.
6 우리 팀이 1등 상을 탈 것은 확실하다.
  일기 예보에 따르면 내일 눈이 내릴 것이다.
  문제는 내가 그녀의 전화번호를 모른다는 것이다.

Grammar Tips
나는 오전 6시 전에 깼다.
저녁 식사 후에 산책을 하자.

Check-up

1 Before 2 because 3 after 4 that 5 If 6 When

내신 적중 테스트

p. 86

1 ② 2 ① 3 ② 4 ③ 5 ③ 6 ② 7 ③ 8 ⑤
9 in front of, at 10 on 11 after 12 ⑤ 13 ③
14 ⑤ 15 ③ 16 ① 17 ② 18 I watch a funny
movie when I feel sad. 19 ④ 20 ⑤ 21 ①
22 ③ 23 ④ 24 in, next to, and 25 He had a
bad cold, so he couldn't go to school.

1 연도 앞에는 전치사 in을 쓴다.
2 날짜 앞에는 전치사 on을 쓴다.
3 늦은 이유를 나타내므로 접속사 because를 쓴다.
   ▶ heavy traffic 극심한 교통량
4 문맥상 '만약 ~한다면'의 뜻인 if를 쓴다.
5 or: 또는
6 접촉해 있는 표면을 나타낼 때는 전치사 on을 쓴다.
   ▶ floor (방의) 바닥
7 장소의 한 지점을 나타낼 때는 전치사 at을 쓴다.

8 across from: ~ 맞은편에
9 in front of: ~ 앞에, at+구체적인 시간
10 특정한 날 앞, 접촉해 있는 표면을 나타낼 때는 전치사 on을
   쓴다.
   ▶ get together 만나다 Thanksgiving Day 추수 감사절
   hang 걸다, 매달다
11 after는 '~ 후에'의 의미로 전치사와 접속사 둘 다로 쓰인다.
   ▶ post (웹사이트에 정보를) 올리다 review 논평, 비평
12 요일 앞에는 on을, 하루의 때를 나타낼 때는 전치사 at을 쓴다.
13 between A and B: A와 B 사이에
14 약속을 하고서 지키지 않은 것이므로 but, 두 명 모두 실망한
   것이므로 and를 쓴다.
   ▶ disappointed 실망한
15 ③ → in, 월(月) 앞에는 전치사 in을 쓴다.
   ▶ midnight 자정 New Year's Day 설날
16 ① → for, 기간의 길이를 나타내는 구체적인 숫자 앞에는
   전치사 for를 쓴다.
   ▶ submarine 잠수함
17 ② → but, 배부르지만 피자를 더 먹은 것이므로 but을 쓴다.
18 when은 종속 접속사로서 뒤에 주어와 동사 등으로 이루어진
   절이 나온다.
19 ④ → B: I went to Ulsan and Busan.
20 that은 '~하는 것'의 의미로 주어절과 보어절을 이끌 수 있다.
   ▶ clear 분명한 fact 사실 enough 충분한
21 when: ~할 때
   ▶ fire alarm 화재 경보기
22 if: 만약 ~한다면
   ▶ class president 반장
23 ④ Before → Because, 런던에서 태어났기 때문에 영어를
   잘한다는 것이 문맥상 적절하다.
   ▶ surprising 놀라운 play 연극 warm up 준비 운동을 하다
24 in: ~ 안에, next to: ~ 옆에, and: 그리고
25 because+이유: ~하기 때문에, so+결과: 그래서 ~하다

서술형 내공 Up

p. 89

A 1 He put salt and pepper in his soup.
  2 We believed that he was telling the truth.
  3 I walked from the school to the bank.

B 1 under the table
  2 but I don't have time
  3 If it is sunny

C ⓐ from 10 a.m. to 8 p.m. ⓑ at 10 (o'clock)
  ⓒ in the morning

D 1 between 2 behind 3 across from 4 on

E On, After, Before

A 1 and: 그리고, in: ~ 안에
   ▸ pepper 후추
   2 목적어절을 이끄는 that
   ▸ truth 진실
   3 from A to B: A부터 B까지

B 1 under: ~ 아래에
   2 but: 그러나
   3 if: 만약 ~한다면, 조건을 나타내는 접속사가 이끄는
     부사절에서는 미래의 일을 현재시제로 쓴다.

C ⓐ from A to B: A부터 B까지
   ⓑ 구체적인 시간 앞에는 전치사 at을 쓴다.
   ⓒ in the morning: 오전에

   Jim: 내일 쇼핑하러 가자.
   Amy: 좋아. 몇 시에 만나고 싶니?
   Jim: 쇼핑몰이 오전 10시부터 오후 8시까지 문을 열어.
       10시에 만나는 것이 어때?
   Amy: 좋아. 쇼핑몰이 오전에는 덜 붐빌 거야.

   ▸ mall 쇼핑몰 less 더 적은[덜한] crowded 붐비는

D 1 between A and B: A와 B 사이에
   2 behind: ~ 뒤에
   3 across from: ~ 맞은편에
   4 on: ~ 위에

E on: 요일 앞, after: ~ 후에, before: ~하기 전에

   일요일에, Juhye는 8시에 조깅을 하러 갈 것이다. 조깅을
   하고 나서, 그녀는 도서관에 갈 것이다. 집으로 돌아가기 전에,
   그녀는 영화를 볼 것이다.

문법정리 OX

p. 90

1 X, at → on 2 X, behind of → behind 3 X, across by
→ across from 4 X, at summer → in summer 5 X, in
→ on 6 X, or → so 7 O 8 O

memo

memo

memo

열여섯 시간에 완성하는 중학 영어 단기 특강

열중 16강

문법 LEVEL 1

열여섯 시간에 완성하는 중학 영어 단기 특강

열중 16강

문법 LEVEL 1